U0931973

信念再思叢書

聖經，一本怎樣的書？

The Bible and Contemporary Culture

戴歌德 著 譚偉光 譯

基道出版社

▼

信念再思叢書

聖經，一本怎樣的書？

The Bible and Contemporary Culture

作者
戴歌德 Gerd Theissen

譯者
譚偉光

責任編輯
江程輝

裝幀設計
奇文雲海・設計顧問

■

發行 / 出版
基道出版社
香港沙田火炭坳背灣街 26 號富騰工業中心 1011 室
LOGOS PUBLISHERS
Unit 1011, Fo Tan Ind. Centre, 26 Au Pui Wan St., Shatin, Hong Kong
電話：(852) 2687-0331　傳真：(852) 2687-0281
網址：http://www.logos.com.hk

承印
陽光印刷製本廠

●

版權所有・請勿翻印
© 2013 基道文字事工有限公司

3/2013 初版
Cat. No. LP185
ISBN: 978-962-457-456-2

English edition copyright © 2007 Fortress Press, an imprint of Augsburg Fortress.
Translated by David E. Green;
excerpted and adapted by the publisher from
Zur Bibel motivieren: Aufgaben, Inhalte, und Methoden einer offenen Bibeldidaktik,
published by Chr. Kaiser Güterloher Verlagshaus, Gütersloh 2002
Chinese Edition © 2013 Logos Ministries Limited
ALL RIGHTS RESERVED
Printed in Hong Kong

經文取自《新標點和合本聖經》，香港聖經公會版權所有，承蒙允許使用。

刷次	10	9	8	7	6	5	4	3	2	1
年份	2022	2021	2020	2019	2018	2017	2016	2015	2014	2013

中文版序

這是一部探討在我們的當代文化中如何教導聖經的著作。推動著我們去教導聖經的，乃是一份對聖經的熱愛。那些熱愛聖經的人都希望聖經能夠為其他人所理解，尤其是被新一代的及在世界各地的人所理解。當然，熱愛聖經的人對聖經中那些微細的事物也會深表欣賞，包括文字、字詞的變化，尤其是當中那些偉大的經文。約瑟及其兄弟的故事，讓我們即使在面對背叛與仇恨之時，仍然有信心帶來復和。耶穌所説的比喻乃是世界文學的瑰寶。那道愛的誡命是我們的道德世界中的典範。我們可以列舉出很多讓人印象深刻的經文。

然而，聖經並不只是對書卷及偉大經文的一個結集（collection）。它是一個整體。若你希望將聖經視作一個整體而理解之，你便需要一些小規模的探索方案（search programs），以發掘聖經中最重要的東西。這些探索方案就是本書所試圖描述的那些基本聖經主題（basic biblical motifs）：我們在聖經中一而再地遇上一些可以互相對照的經文，這些經文乃是關乎創造、信、罪、出埃及、回轉等主題的。我們並不需要對這些所有的經文作出仔細的解釋，才能理解它們的含義，我們通常只需要理解其中一段典範性的經文便已足夠。這段經文會啟發我們對其他經文的理解，因而最終聖經得以被證明為一個具結構的多元體（structured plurality）：一座引人注目的「大教堂」（cathedral）。這座大教堂並非由石頭建成，而是由經文與記號（signs）所築起的。由此，我們便能確認出在這些故事的多元性背後所隱藏著的那種統一性（unity）。

這些探索方案不單幫助我們了解聖經中的其他經文，也讓我們認清我們生活中的問題。聖經中的基本主題也就是生命中的基本主題。當我們為到世界及我們自身的存在而感恩，以及感到要對我們的生活方式負上責任之時，那創造的主題便在形構著我們對生命的理解。這些信念（beliefs）不單讓我們認清一些事情，更會改變及轉化我們的生命。

此外，那些根據聖經的核心信念（core beliefs）而模塑其生活的人，會發現到很多人也有著跟他們相同的核心信念。在世界各地都有著為自身生命而感恩，以及感到要對自己的生活方式負責的人。很多人也相信人類應當悔改，儘管他們在生命中歷經失敗。很多人都會將這些信念歸因於他們對耶穌基督的信仰。若聖經是一座「經文與記號的大教堂」，我們便是在這座教堂中遇上很多不同的人。

最重要的是，我們的那些探索方案不單是要了解聖經，也不單是要揭示出我們生命中的各種問題，亦不只是要創建社羣。最終，這些方案是要尋索上帝。即使那些不希望參與這種探索的人，也會因著這些基本的聖經主題而更能明白到，人們為何會希望透過聖經以接觸上帝。德國籍猶太裔詩人海涅（Heinrich Heine）恰當地說到：「那些失去了他們的上帝的人，可以在此書中再次找到祂；那些從未認識祂的人，也可以在其中與祂那聖言（Divine Word）的氣息相遇。」聖經是人手寫成的。大教堂也是人手所建造的。然而，若我們沒有意識到，「它們都是用以崇拜上帝的」，我們便不能對這座大教堂有任何了解。

聖經讓我們得以跟上帝及其他人對話，並改變我們的生命。這是屬於很多人、屬於所有教會，也是屬於全人類的基礎文本。聖經連結著世界各地的人——在歐洲、東亞、中國及德國的人。因此，我很高興這部著作能以中文出版。我感謝譚偉光先生的翻譯工作，以及基道出版社為出版此書所做的各項工作。

戴歌德（Gerd Theissen）
德國海德堡大學（University of Heidelberg）新約教授
二○一二年十一月於海德堡（Heidelberg）

曾序

在本書中，戴歌德顯示出自己遠比現今一般的聖經學者更為全面。在新約聖經的社會學鑑別學（sociological criticism）上，他有著出眾的專業知識。只有在他對聖經作為一份與人息息相關及鮮活的文獻的討論中所展示的研討能力，才能與他的社會學鑑別學知識相比擬。

在這部重要作品中，戴歌德不單將聖經視為一份過去的文本來處理，而是同時考慮到聖經在「此時此地」（here and now）的應用。它不再是被人研究的對象，而是一個影響著現代讀者的主體。它正在做一些事情，但那到底是甚麼呢？就著這個問題，戴歌德指出保守派與自由派立場所提供的各種不同答案，都有不足之處。實際上，他是將自己的進路分別於其他兩種模型（models）——將聖經視為屬靈反省的寶庫或視之為促進個人社會議程的工具——因為很多時候，聖經都未能滿足這些模型。在某些方面，聖經未能符合我們的期望。在我們的西方世界中，宗教多元主義（religious pluralism）與世俗化（secularization）似乎已經將聖經視作無關痛癢之物。為何我們仍然要考慮聖經呢？

在回應這些問題時，戴歌德特別強調自己作為一個學者所有的經驗。我們所面對的其中一個問題，就是將一些宗教傳統當作聖經的形象，如此，聖經的公共形象便會顯得缺乏時代性及古老陳舊。戴歌德並不是要維護聖經的相關性（relevance），他是留意到，聖經的蒼老古舊或可成為另一個答案，有別於現代世界面對現代生活的挑戰之時，所試圖提供的諸多答案，而成為一個可供替代的選擇，但這卻必須應用到最新近的研究中那些最佳的學術性聖經研讀。倘若這種學術性的聖經研究是讓現代人理解聖經信息的關鍵，那麼，聖經就是處於一個公共空間之中，對所有人——不單是基督徒——發出邀請，讓他們檢視其宣稱（claim）及信息（message）。

戴歌德這種提倡聖經的公共閱讀的主張，對華語世界有著最令人意想不到的獨特含義。他認為聖經對西方世界的影響，乃是等同於荷馬（Homer）對聖經出現前的希臘世界所有著的影響。故此，若未能對聖經有所了解，人便不可能理解西方世界。換句話說，華人需要閱讀聖經，單單是因為若他們不閱讀聖經，便不能了解西方世界，而不是要將聖視為教會所擁有的宗教性人工製品。若西方人不了解聖經，實際上便會讓他們即使對其自身的文化也一無所知。對非西方人而言，除非他們能對西方價值的聖經根源有所了解，否則他們對西方世界的誤解仍然會延續下去。然而，我們如何能夠將對聖經的理解視為一種學術活動？戴歌德指向一個跨學科進路來閱讀聖經，包括科學與人文科學（humanities）等學科。我們不能保證有一種更為「客觀」（objective）的閱讀，那麼，在這個發掘聖經內的主要信息的旅程中，一種開放性（openness）便能為我們提供更多的媒介。在某程度上，我們不是從自身出發來閱讀聖經，實際上我們是在聖經之中看見自己。對戴歌德來說，聖經不只反映出我們的個人經驗，它也反映著我們作為人類所有的羣體經驗（corporate experience）。

他的觀點如何影響基督徒對聖經的閱讀？對此，很多人都會感到受威脅，但我卻毫不擔心。教會對聖經中的很多部分也不懂得如何處理，因為我們的神學訓練乃是建基於我們教會的透鏡（ecclesiastical lens），而沒有求助於其他學科。這個問題清晰的反映在每個主日的情況中。每個主日都會有很多具代表性的經文在講壇上被宣講，而在整部聖經中卻有很多其他部分在多年來也為人所忽略。這是司空見慣的事。箇中原因，乃是由於基督徒在自身有限的視域（horizons）中，常常都不能處理一些未能符合我們教會的透鏡及旨趣的經文。在此，我們便得求助於其他學科。對於聖經中的很多部分，教會都不能在避免扭曲經文的情況下作出處理，但其他很多學科卻能這樣做到。或許，戴歌德所說的是，在閱讀聖經上，我們應當尋求其他學科的援助。這樣做的話，實際上我們便能避免由教會自身旨趣所造成的尷尬，而更為有效地言說。

在某程度上，戴歌德這部作品是要填補在眾多關乎聖經的作品中的一道空隙。他標示出聖經中的一些重要主題，以及聖經的對話性功能，卻不會在一些爭議性的議題上糾纏不休。按這方面而言，這部作品便有別於典型的聖經入門教科書，然而，它卻也處理到一些重要的主題。本書並不是對聖經信仰的一種天真的陳述，而是涉及到聖經信仰的神學意義。尤為具說服力的，乃是他對上帝在人類困境中的種種作為所作的穩固的三一論的解釋（Trinitarian explanation），以及對聖經歷史那堅決的「以基督為中心的閱讀」（Christocentric reading）。他將教義與聖經的主題結合起來以奠定基礎，這基礎將會製造出一個與我們的多元世界進行對話的穩固平台。

戴歌德這部作品創造了一個開放系統（open system），在其中，基督教能夠在一個多元世界中運作，這個多元世界不單是指那些世俗主義者，而是也包括各種偉大的世界宗教。傳統的華人基督教強調救恩的排他主義（exclusivism），而未能對基督教所建立的共通性（commonality）與包容主義（inclusivism）詳加細想。這樣的結果是，大部分華人只會跟華人保持聯繫，即使他們生活在流散社羣之中。戴歌德這部作品並不是要貶低排他主義，而是要喚起包容主義以帶出一種平衡。這樣做的話，信仰便不再僅僅是其成員間的內部對話，而也是一種與局外人的對話。

閱讀此書之時，並不是每一個讀者都會同意當中的所有言論。戴歌德這部作品所有的價值，乃是在於它能鼓勵其讀者建立他們自身與他者（others）的對話。這部作品比很多關於聖經教義的命題式作品更為優越的是，它有著一種宣教的潛質（missional potential）。然而，我所說的宣教，並不是指一種差派宣教士到海外的傳統做法（雖然這種做法是十分重要的），而是指我們在試圖對那些有別於我們這些基督徒的人士，作出一種忠於學術的理解後，所有著的一種擁抱世界的概括性觀點。

在這種急於回應、媒體充斥、激烈論爭的情況下，戴歌德這部作品正好是一個合時及具深刻思考的獻議。他所建立的框架（framework），跟本書的內容本身同樣重要。此書中聖經的教義及其與聖經研究的關聯，都讓這本書有望被人奉為一部教科書。這些教導讓我的學術界同事及學生也同樣受益。

曾思瀚

香港浸信會神學院新約副教授

二〇一三年一月二日

鄧序

我們都懂得聖經嗎？這裏的「我們」，是指到教會而言的。可是，為甚麼需要提出這樣的問題？難道教會都不懂聖經為何物嗎？如果我們把這樣的問題，置於戴歌德的《聖經，一本怎樣的書？》(*The Bible and Contemporary Culture*)底下，就更令人百思不得其解。因為戴歌德在這本著作之中，主要指出當前的世界，已經跟聖經愈來愈遠離了。這是一個不知道聖經為何物的世界。可是，我們卻要補充提問：在一個不知道聖經為何物的世界中，難道教會就懂得聖經嗎？這是一個嚴肅的自省問題。雖然，戴歌德這本《聖經，一本怎樣的書？》首要關注的是：讓這個不再認識聖經的世界重新認識聖經對當代生活的相干性，但卻因此而起著更進一步的作用，提醒教會要在這個日益世俗化的世界之中，讓世界認識聖經的重要性。這就指向了教會羣體的釋經向度與宣教向度。

教會都懂聖經嗎？只有向著教會之外的他者講解，教會才有可能進深反省自己對聖經之認識，是否早已停滯不前。否則，教會很容易落入因循苟且、重複老套的地步，未能不斷深入透析聖經的世界，而被其繼續打動、更新、轉化生命。事實上，教會本來就在世界之中，但她是否意識到世界之存在卻是另一回事。甚至我們可以進一步說，世界本來就在教會之內，但她是否知道世界之不懂聖經已逐漸滲入教會自身，卻是另一回事。因此，戴歌德提出了與他者對話的釋經踐行，以提醒教會其講解聖經並非只是朝向自己，而是恆常處在一種與他者對話的境況之中，包括與世俗文化對話，與其他宗教對話，與基督宗教之內別的流派對話。但這一切的對話，最終又轉過來使得教會更為認識聖經。

這種講解聖經的對話向度，不外是一種處境的要求。意思是，教會不能不考慮聖經自身之內在處境，以及聖經以外的當下的處境，都是多元世界，而可以對應地闡明聖經之信息。面對多元的世界，一方面聖經在寫作之時已經批判地與世界對話並挪用其語言來書寫自己的故事；另一方面，聖經在講解之時亦無可避免地要再次批判地與世界對話並挪用其語言來重述其故事。正因著在與世界對話之中批判地挪用其語言，而使得書寫聖經與重述聖經成為可能，而後者又只不過是延續著前者並以前者為規範的踐行而已。這後者之踐行，正是教會之釋經與宣教，是一種在對話之中的釋經與宣教。

實質上，這種在對話之中的釋經與宣教，不單讓當代不懂聖經為何物的世界，認識其切身之意義，也叫教會再一次因著進入聖經本身內在之對話處境，而可以跟當代世界一起批判地挪用這世界的語言來闡釋、重述，甚或演練（perform）聖經的故事，而更懂得聖經之所以為聖經的奧妙。即或在與別的宗教的對話之中，似乎是難以達成任何積極的成果，然而從彼此之間那差異的對質之中，正好突顯出未曾認識或缺乏深入思考的聖經看法。同樣地，在既是同一宗教但又是不同支流的關係中，彼此之間透過聖經來進行對話，亦是持續深入發掘同中之異的踐行，而顯出聖經自身涵有的豐富性；聖經自身的差異性張力使得教會自身之對話得以恆常進行，而拒絕一切的齊一與收編。

我們都懂聖經嗎？戴歌德的《聖經，一本怎樣的書？》雖然短小，卻在這個不知聖經為何物的多元世界，提出一種有別於啟蒙運動的獨白路向，以對話的方式展示出聖經對我們了解實在（reality）、自己的特殊貢獻，從而讓世界讓教會可以再有機會認識聖經的殊勝之處。

鄧紹光

香港浸信會神學院基督教思想（神學與文化）教授

二〇一三年一月二日

原書序

任何從事與聖經相關的專業工作的人，例如像我這樣作為一個學者，或是教牧人員，或是信仰羣體中的平信徒領袖，都很少會為到聖經的激發力而感到訝異。畢竟，對這些人而言，聖經是他們賴以生存的基本元素。他們每天的生命氣息、所思所感，全都離不開聖經，所以他們很難想像有誰會對聖經**漠不**關心。像我這樣的學者，試圖從聖經的原本脈絡中疏理出某種意義，並且深信這些意義總能夠被轉化為與今天生活息息相關並具吸引力的信息。然而，這樣的轉化實際上卻不是想當然的事！

一開始，我們便必須問：我們所談論的是**哪一本聖經**？或是換句話說：這到底是**誰的**聖經？關於聖經的「擁有權」（ownership），我們聽過一些甚具分歧的說法：

- 聖經作為**一份認信文獻**（a confessional document），一本記錄著特定教條的書籍，因而是屬於教會的。在每一間教堂裏，都會有一本聖經被置於講壇、祭壇或聖桌之上，作為一個可見的標記，代表著會眾的信念——相信這本書能夠讓人得以接觸上帝。

- 聖經作為**一份宣講的文本**，乃是個人和羣體作決策和委身的根據，亦同時成為神學的基礎。
- 聖經作為一本在個人生活中**用以默想的書籍**，不論以何種方式閱讀，或是作為「每日思語」（"thoughts for the day"），它也允諾讓讀者們得到一個與上帝相遇的機會。
- 聖經作為一份時刻引領內在生命的文本，其語句會在我們日常的意識中浮現出來：例如，「耶和華是我的牧者，我必不致缺乏⋯⋯」，或是當我們犯錯時我們會想到的「赦免我們的罪，因為我們也赦免凡虧欠我們的人⋯⋯」。
- 聖經作為一部參考作品，在當代社會之中經常被視為教學和學術研究的材料，這不單是指在神學和宗教研究等學科上，還涉及藝術史、文學、歷史和倫理學。幾個世紀以來，它都是畫家、雕刻家和作曲家的靈感泉源；即使到了今天，它仍然啟發著一些偉大的藝術家。當一個學者鼓勵某人去研讀聖經時，他/她總是把聖經看為一件文化上的人工製品。

然而，若以上述的所有觀點甚至更多的觀點來看待聖經，聖經都仍然只會是一部**非常難以處理的書籍**，當中的許多意念都窒礙著其在教會層面上的任何應用。那些期望從聖經中得著啟發的人往往都會失望而回；而聖經作為教導和培育的材料，也會顯得難於挪用。

今天，我們有特別的理由要去弄清楚聖經應當如何被挪用，以及理解箇中的原委。我們到底想向後代傳遞甚麼類型的知識和專門技術呢？為著甚麼目的？在何種選擇和次序之下？長久以來，人們都能夠單純地假定一個不爭的事實，就是認為世世代代的人都**必須**熟悉聖經，並將之視為我們的文化與文明（以及信仰根基）的一部「偉大作品」。但是到了今天，我們都不會有這樣的想法，並且這種主張亦已成為一種需要我們予以證實的講法。不論我們所討論的是兒童還是大學生的教育問題、個人對自我增值的追求，或是大眾傳媒中的適切性等等，我們都難免會問到：**為甚麼要考慮聖經？**

這本書就是關於那個問題。雖然我是以自己作為聖經學者和大學聖經科老師的個人經驗來探討此問題，但我絕不會假定讀者們都有著一種把閱讀聖經視作理所當然的信仰背景，也不會試圖說服那些沒有宗教信仰的人要基於宗教理由而「應當」關注聖經。我自始至終所提出的問題是：**聖經本身**蘊含著甚麼，以致我們需要慎重地對待之？假如那個問題能夠滿足我的讀者那份開放的心懷及好奇的探求，我便心滿意足了。

我把這本書獻給泰恩（Hartwig Thyen）教授，他與我共事多年。他為著對聖經的熱愛而獻上一生——他把聖經視為信仰的基礎文獻之餘，也視之為一份讓人印象深刻的文學作品。

目錄

導論

為甚麼任何人都應當閱讀聖經，更要花時間對之尋根究底呢？對於那些已經有讀經習慣的人，甚至那些埋首於聖經研究的宗教人士來說，這個問題似乎顯得有點荒謬，甚或有點不切題。**當然**，人應當閱讀聖經！但是這種觀點卻很難自圓其説。倘若閱讀聖經的惟一理由在於首先持有一些**關於**聖經的宗教信念的話，那麼其他許多的人就終生都不會拿起聖經來閱讀了。我們能否放下任何有關聖經的宗教性前設，而單單就著聖經本身來推薦此書呢？

聖經仍然是西方社會文化基石的一部分，只是許多人完全沒有這樣的觀念：他們即使沒有在聽道之時遇上此文本，也應該對它有所認識。本書就是要處理這樣的問題：為甚麼那些認為自己飽讀詩書的人仍然要閱讀聖經，即使聖經信仰與他們的生活毫不相干？倘若我們失卻了關於聖經的知識，是否表示我們失卻了一些無可替代的東西呢？為甚麼？

我得趕忙補上一句，即使在基督教教會之內 —— 人們總會認為聖經研究在教會中必然相當重要——人對聖經還是爭論不休。對聖經的極度重視，往往會被視為一個保守派的甚至是基要派的（fundamentalist）思維的印記。假如在對話之間，某人為「聖經為本」的觀點進行辯護或聲稱有一個「正確的」或「忠於經文」的立場，我們便常常會假定那個人正在發表一些抗拒「時代精神」（the spirit of the age）的保守言論。（諷刺地，我們通常都不會把這種對「聖經」觀點的辯護，理解為某種針對當前處境的先知式立場！）

在中產知識分子的自由傳統中，對聖經的委身是最弱的一環。對這些人而言，聖經不過是父母輩或祖父母輩的文化包袱的一部分。勸喻這些人認真地看待聖經，無異於請求一些認為自己擁有開明政治立場和批判理性思維，並且公然地抗拒宗教保守主義的人，要像那些宗教保守分子般關注聖經！

即使在教會之內，那些曾經被確認的讀經理由，現在都已經不再被視為理所當然的了。傳統上，聖經是新教基督徒（Protestant Christian）個人信仰的核心；然而到了今天，即使新教徒也往往會訴諸其他來源以為信仰尋求資源，這些來源包括藝術與文學作品、哲學、禮儀和靈修學、個人或社會倫理學，或是默觀等等。新教徒願意與天主教信仰，以及與天主教徒對聖經的新發現，保持更緊密的聯繫；然而，這卻改變不了——即使在新教徒中間——聖經地位每況愈下的現實。天主教徒與新教徒一樣，今天所面對的挑戰是要在這個愈趨世俗化的世界中，讓人能夠明白聖經的重要性。此外，天主教徒和新教徒在與其他宗教人士對話當中，都同樣受到挑戰，從而迫使他們反思其對聖經重要性所有的原本理解。畢竟，猶太人和伊斯蘭教徒也訴諸同一部聖經，而佛教徒和印度教徒對聖經也有自己的看法，更遑論那些無神論者了！我們總能從別人身上有所學習。不過，基督徒卻往往在跟其他宗教人士對話中，才會被迫首次就著自己的前設和傳統作出批判性思考。

在正規的神學研究中，人們或能找到充分的理由去說明聖經的重要性；而對聖經所作的嚴肅思考，一般都會被套上那些令人望而生畏的「詮釋學」語言（language of "hermeneutics"），就是那種關乎解釋（interpretation）本質的、並通常為抽象的假設性理解。聖經詮釋學嘗試解答這樣的問題：一份從遠古流傳下來的文獻怎樣才能仍然給我們合理地理解呢？然而，在這種理論性框架之下，詮釋學卻常常與真正的讀經生活相去甚遠。這種方式無法觸及男男女女在每天閱讀及嘗試理解——有時卻明白不了——聖經時所遇上的各種境況。在接下來我所作的論述中，縈繞在我的心頭的就是這些日常生活和實際處境；儘管我也會問及一些關於聖經何以具備重要性的基礎性問題。

許多神職人員和宗教教師都認為他們在逆水行舟。在整個歐洲和北美洲，我們正經驗著一種持續不斷的**世俗**

化（secularization）。雖然從數字上來說，美國人仍然算是一個有宗教信仰的民族，他們向那些民意調查員聲稱自己相信上帝，並且每週參與崇拜聚會；但另一個同樣真實的情況卻顯示到，說出這種答案的美國人在比例上也逐年下降——至於聖經素養（biblical literacy）方面，即使在那些形容自己為敬虔的宗教信徒中間也顯得愈見低落。在當代的西方文化中，存在著一個驚人的弔詭現象：一方面，世俗化已把聖經從過去那在基督教王國（Christendom）中的角色——作為宗教、社會秩序和宇宙觀的藍圖——拉下馬來，在那些成功的世俗民主化國家之中，這種情況尤甚；但與此同時，在內存於現代資本主義市場的消費主義價值觀所帶來的壓力底下，宗教自身卻愈來愈變得私人化（privatized），以致閱讀聖經——或是按著某些較為福音派的教會的說法：「投入上帝的話語中」（getting into the Word）——愈發成為一件關乎私人取向和個人努力的事情。這兩股力量——世俗化，以及私人化宗教的擴張——實際上已剝奪了聖經那先前作為共有的首要文化資源的角色；其結果是造成各式各樣讀經方法的湧現，其中有些還頗為別樹一幟。

有些時候，世俗化似乎也可被看為那些日益增長的宗教——以及非宗教——觀點的**多元主義**（pluralism）。宗教經驗的類型及其表達形式的**廣度**愈見寬闊，但並不表示其屬靈**深度**也在相應提升。一些特別認為應當對不同宗教觀點持開放態度的主流教會（mainstream churches），便發覺很難以強烈的歸屬感使人們緊緊連繫於教會；而那些立場較為保守的教會卻能好好利用這樣的歸屬感——這些教會圍繞著一個單一而具規範性的立場來提供確定性。與此同時，那些所謂的巨型教會（mega-churches）也正在不斷發展，而一些沒有宗派背景的「社羣」教會（"community" churches）也認定它們只會單單以「聖經為中心」作為其奮鬥目標。這些信眾會有較為確定的立場，尤其在聖經的重要性這個問題上。不過，他們卻較少對聖經的見證作出具深度或廣度的理解，或是較少重視聖經與我們之間的歷史距離。

基督教以外的宗教羣體也同樣在成長中，以致有人會談到宗教回歸或宗教復蘇現象。雖然至少在二百年前便已經有人預言宗教的沒落，但是這種情況卻始終仍未出現。在一個多世紀以前，尼采（Friedrich Nietzsche）便宣告「上帝已死」，他所指的是**聖經的**上帝；不過現在看來，塔波利（Gregory Tabori）的妙語回答似乎更加真確：「上帝說：『尼采已死。』」宗教延續了下來，但卻往往是作為世俗化的一個影子、一個毋須委身的基督教，或是作為在主流教會中一種傳統的文化宗教性。即使在那些自覺地認為自己是現代世界公民的人當中，宗教也依然存在。宗教存在於對那位全然他者（wholly Other）的渴求之中，這位全然他者將會時刻推動那些在建制宗教社羣內外的男男女女的不安心靈。

面對在宗教與非宗教之中，以及在那同步發展的宗教多元主義（religious pluralism）及世俗主義（secularism）的廣闊光譜內的挑戰，人們愈發留意到聖經本身的貢獻。一方面，因著世俗化及那個在美國的處境中一般被稱為「政教分離」的概念所造成的壓力，這個挑戰變得日益強大；而「政教分離」的意思，乃是指那些從信仰角度視聖經為他們宗教、倫理，甚或政治問題的主要依歸的人，會時常感到被邊緣化，以及在公眾生活中被擱在一旁，甚至被排拒在外。舉例來說，當他們嘗試把聖經納入公立高中和州立大學宗教研究科目的一般課程時，時常會受到周遭市民極大的反對，這些市民認為這是一種灌輸教條的做法，並且認為在一些具宗教背景的私立學校中實施這種做法會較為適合。即使把聖經納入在公立學校宗教科的教學課程之中，教師們也知道他們要在鼓吹對聖經內容的熱切欣賞及那貌似宣揚某個獨特宗教立場的做法之間，謹慎地保持平衡。

另一方面，當一些較為開明的教會面對類似的兩難處境時，雖然當中的人捍衛著不同宗教之間的理解和對話，但是他們也期望藉著限制在公立學校和公共場合中發表宗教言論來表達對政教分離的尊重，結果卻製造出一種枯燥乏味的基督教；實際上，這種基督教讓聖經無法對公共生活帶來任何重大的影響。在這些教會之中，談論聖經有時會讓人昏昏欲睡。不過，這倒使我們更能看清這些教會的本相，而不是對聖經有更多的認識！

我所關心的不是那些保守或開明的教會如何可以取得成功，而是聖經怎樣才可以贏取普羅大眾的關注。我曾經想過，閱讀聖經的能力的提升可以逐步達成這個目標——透過諸如公立高等教育機構和信仰社羣，向可以接觸得到最廣泛的羣眾解釋聖經的重要性，以致能夠賦予聖經在公共場合中應有的地位。推動聖經閱讀，意味著向這一代人和將來歷世歷代的人説明聖經的重要意義。民意調查顯示，把聖經當為一部兒童讀物的做法成績斐然，但是一般的青少年卻認為，聖經只對於長者和那些帶著問題的人才會有其重要性，因而不會立時引起他們的興趣（這種情況也能套用在其他科目之上，因此很難就此停止對高中學生教授聖經文本，這當然不是一個理由！）

但是很不幸地，即使在宗教研究的課堂上，人們也往往會避免發表一些強調聖經重要性的言論。我的其中一位同事，就著其訓練教師的經驗，把**反對**在公立學校教授聖經的理據羅列出來，而這份清單似乎可以應用在所有年級的學生身上：

- 聖經是一部屬於古代世界的書籍；
- 對於當代日常生活並沒有任何重要性；
- 只有專家才會讀得懂；

- 包含著一幅關於上帝的父權式的描述；
- 透過讚揚某種受苦者的形象而提倡一種隨時準備犧牲之錯誤觀念；
- 它對上帝的信仰，否定那種由個人價值所模塑出來的生命，因而妨礙了個性化（individuation）所必須的心理及情緒發展；
- 它倡導復仇的必要性過於提倡復和；
- 它屬於一種嚴守安息日的過時文化；
- 它充滿荒謬和虛構的故事；以及
- 它是一部兒童不宜的書籍。

諸如此類的報告，在在印證了現代世界愈來愈急於貶低像聖經這樣的傳統。無疑，今天迅速地把這等傳統擱置一旁的情況，卻帶來了一個弔詭的後果：愈是古舊的傳統，愈不會陷溺在現代化的漩渦之中。我們在古代耶路撒冷和古代雅典所遇上的理念世界（world of ideas），似乎較諸那些時尚的學術圈子所創作出來的當前觀念，更不容易讓人覺得「過時」。因此，當我們著手處理聖經時，第一個產生的問題——「聖經如何在二十一世紀的人們當中留下良好的印象？」——或許較「我們應當將哪部現代文學作品傳遞給下一代」這個問題更容易回答。聖經可以怎樣成為讓年輕人尋索他們身分的活潑對話的一部分？長者們總能以那超越開放社會中的最低共識的立場，來處理人生的存在問題，並可以滔滔不絕地講述他們關於價值取向的種種信念；難道年輕一輩不需與這些長者交談嗎？

對於上述的一切問題，我們都必須從聖經本身去尋找答案。正如年輕人常常提醒我們（縱然他們的長輩鮮能意識到這個事實）：「聖經是一部**古代的**書籍。」事實上，聖經學者跟任何人一樣都意識到這個實情：畢竟，我們對那產生聖經的古代世界總有點認識！而且，我們也習慣地**尊重**那個世界，避免不自覺地將之投射進我們的世界中。然而，問題卻不單單在於這部聖經是否**古老**，甚或是否屬於古代的，而是在於其蒼老古舊能否為我們提供一股極具價值的抵抗力，以抗拒現代世界的思潮。以色列人創造這部正典，把許多顛覆性的意念保留下來，使這些意念不致遭人遺忘，難道這不就是他們給予人類其中一份貴重的禮物嗎？

呼籲普羅大眾重新關注聖經，這或許可以依據我們所共有的政治生活而得到證成。這是因為聖經常常被那些政治領袖以粗糙及膚淺的方式操縱在手裏，企圖藉此贏取別人對他們所理解的「道德價值」的支持。然而，更重要的是，我們需要推廣一種對聖經的中心主題（central themes）及來源（resources）具批判性認知和具社會承擔的素養。與此同時，一些主流教會、聯合信仰羣體和教會機構則試圖尋找一個合適的身分，以他們信仰傳統的觀點去影響公共政策。他們正確地問：難道我們不需要一個源於聖經著述，關乎社會及道德價值的坦誠而充滿活力的討論嗎？即使在社會最低限度的共識中已包含著一些我們所贊同的價值觀——個人責任、人類尊嚴的不可侵犯、人類團結、尊重大自然——這是否已經足夠呢？難道我們不需要同樣熟悉這些口號背後的聖經故事嗎？責任就是**向上帝**負責，男女尊嚴就是指他們乃是**按著上帝的形象**而受造，尊重他人和這個地球就是對那關乎愛鄰舍和管理受造物的**上帝命令**負責。總之，不在公開討論中宣揚某種特定的宗教立場，難道我們便沒有合適的理由去宣稱，我們的社會需要關注聖經，並視之為我們文明與文化的一份基礎文本——即使在這些地方中，我們再無法聽得到以聖經作為文本的講道？

當前的知識環境有利於重新思考聖經在公眾生活中的地位問題。我們愈來愈明白到自己乃是生活在一個**後**世俗世界，長遠而言，宗教人士與非宗教人士都必須融洽相處。各種傳統的和傳統主義的宗教都不可能奪回這個現代社會；同樣地，那些俗世的知識分子也不要期望宗教將會逐漸式微。這兩個羣體都必須學懂彼此開放。從一九八〇年代開始被廣泛傳播的後現代思維模式，令這種對彼此的開放變得容易一點。在建築方面，這意味著相互矛盾的風格可以並排在一起而被接納為正當的形式；在科學方面，科學本身被等同於一種良性懷疑主義（healthy skepticism），是針對實在那客觀知識的絕對宣稱（absolute claims）的；一切「宏大敘事」（great narratives）都變得毫不足信。宗教方面也作出了改變：假如宗教不過是現代世界的其中一種現象的話，那麼「啟蒙」（enlightenment）便意味著對宗教有一種更佳的認識，尤其於宗教本身的自我理解。期望那些宗教人士能夠明白和接納這個世俗世界，但這個世界卻拒絕與他們進行一種帶著尊重的對話，而只管批評和奚落他們的宗教信念，這實在沒有甚麼特別的啟蒙可言。當然，對後現代思想而言，實際上宗教已經被視為一個困境：它們提供了終極答案，它們作出了「宏大敍事」，它們持守著（或至少曾經持守過）絕對真理。

在隨後的篇幅中，我贊同對聖經持一種開放及公共的鑑賞，這乃是旨在叫**每一個人**都能夠讀懂聖經，而那個讓這種認受性得以滋長的恰當處境，就是哈伯瑪斯（Jürgen Habermas）這位批判理論家所定名的後世俗社會（post-secular society）。直至目前為止，任何包含**宗教**內容的聖經教導都總是被人當作一項宣教活動或是叫人歸附教會的行動。後現代思維較易於深入他人的信念之中，而人們卻不會感受到那需要認同這些信念的壓力。它能表達信念，卻不會從一個宣教士的立場去表述那些信念。

一　有別於基要派的讀經方法

我所想到的讀經進路必須與基督教基要主義（Christian Fundamentalism；正如在一九一〇至一九一五年間出版的那十二冊巨著所定義的）[1]有所不同，因為基要主義對於當前處境所作的是一種截然不同的回應。我們必須把基要主義與傳統的敬虔主義（traditional pietism）分別開來，後者起源於十七及十八世紀，著重人們的悔改回轉、歸信耶穌，並且藉著向鄰舍行善而具體地表達這種信仰。這樣的敬虔主義往往反對建制化的教會，以及拒絕接受一種不吃人間煙火的正統神學。它對內在經驗的關注，無疑是一種現代元素。而基要主義則起源於北美洲，並且在當中茁壯成長；這是對愈趨世俗化的政治的一種反動，以及對十九世紀現代科學與學術研究的一種抗拒。一八七八年的〈尼亞加拉信條〉（Niagara Creed）在聖經的逐字默示（verbal inspiration of Scripture）之外，還列出了四項關於基督論的「基要原則」（fundamentals），就是童貞女懷孕生子、基督的代贖受死、祂的身體復活及第二次降臨。然而，還有另外三個更為關鍵的重點：

1. 拒絕以歷史批判方法去研讀聖經，這意味著拒絕接受一切對於經文本身的一般理性解釋；
2. 贊同創造論而反對進化論，因而對聖經的創造故事進行字面解釋，反對人類由猿猴進化而來的說法；
3. 保衛傳統的道德觀念，特別是反對婦女解放、墮胎和同性戀。

在此，我也需要對福音主義（evangelism）與基督教基要主義作出區分。一般來說，福音派人士都比較溫和，他們接納現代文化，並且持守一種較為寬廣及高限派神學（maximalist theology）：儘可能從歷史的角度理解聖經，也儘可能保留教會的信條。他們刻意迴避基要主義那種刻意言過其實的立場。

一九七〇年代晚期和一九八〇年代初期，基督教、猶太教和伊斯蘭教均出現了基要主義精神的復興，當中有四件事情特別把這種情況顯示出來：利庫德集團（Likud Block）於一九七七年在以色列上台執政；沃依提拉（Karol Wojtyla）於一九七八年被選為教宗若望保祿二世（Pope John Paul II）；霍梅尼（Ayatollah Khomeini）於一九七九年返回伊朗德黑蘭（Tehran, Iran）；以及列根（Ronald Reagan）於一九八〇年得到基要派人士那具決定性的支持而當選為美國總統。假如強調內在經驗的敬虔主義是現代世界的一個現象的話，那麼，我們也可以將同樣的想法套用在新基要主義（new fundamentalism）之上。在後現代思維接納多元主義及對確然事實作出相對化的看法之際，基要主義式思維卻反對把那些確然之真理去除。嚴格地說，凡是強調客觀的科學發現、被普遍認同的道德判斷及進步力量的觀點，都是與現代思維相關的。基要主義同樣強調客觀的宗教真理、必須予以遵守的道德價值，以及關乎普世救贖的終末觀點。介入政治的宗教右派（religious right）的出現，乃是企圖藉著政治勢力去修復宗教那種業已失去，卻又曾經一度為人所接納的合法性，這是旨在把宗教推銷為一種（偽）現代產品。在這種觀點底下，信仰被假定為與任何其他科學理論一樣，牢牢地扎根於事實之中。

當中的結果，乃是出現了一場關於誰有資格解釋聖經的激烈鬥爭。對基要主義者而言，歷史鑑別學的研究（historical-critical research；編按：或譯「歷史批判的研究」）乃是他們的大敵。正如經濟企業不能容忍那些不認同一般商業哲學的「異端」一樣，基要主義也不能容忍那些對他們提出質疑的批評。此外，正如我們的資本主義社會對某些理論的審訂，乃是在於它們能否成功地被轉化為產品；同樣地，現代的基要主義也同樣服膺在類似的法則底下，而只把市場看為達至真理的工具。現代的基要主義渴望能夠成功地「銷售」其「產品」，為此而採用一些常見的市場策略。縱然在情感上是反現代的，但其所創造的卻明顯地帶著現代的形式——以電視傳播福音的電子「教會」。這實在是一種穿著現代裝束的反現代主義。

基要主義者與福音派羣體均聲稱他們得到聖經的明確支持。然而，我在這裏所要鋪陳出來的研讀及教授聖經的方法，卻與基要主義所贊同的方法恰恰相反，它肯定了歷史鑑別學、大自然進化論的觀點，以及認為有需要對道德規範作出檢視。這三者都是大部分新教教會所持守的價值，然而，在這些新教教會之中，縱然聖經是教會及其合一關係的共同基礎，不過單單高舉「聖經」和**合乎聖經**

（biblical）這等字眼，卻並不等同於可以在新教信徒之間締造出某種自然而然的共識。這兩個述語已變成福音派羣體的陳腔濫調，甚或會造成意見上的分歧。在新教教會當中，只有少數人會期望可以按著福音派口號的意義來「忠於聖經」。即使那句「合乎聖經教導」的片語，也往往會引發一些令人討厭的聯想。

我在這裏所提倡的那種對聖經公開而開放的鑑賞，其中所採用的**聖經**和**合乎聖經**這等字眼的意思，與主流新教輕視聖經的整體趨勢背道而馳。自從第二次梵蒂岡大公會議（Vatican II）以來，聖經在天主教中便成為了開明神學的象徵，特別是聖經在拉丁美洲的基層社區中被重新發現，我從這種情況中得到了很大的啟發。即使在今天那些既有教會（established church）中，一些新教信徒還是對聖經避之則吉；而聖經卻始終只在處於教會邊緣之時，才會讓人強烈地感受到其強大的影響力，就正如一直以來的情況一樣。然而，因著現在發生的事——諸如在「新興」教會中所發生的事情——聖經在基督徒中間的未來似乎已十分明確。

然而，聖經並不是單單屬於基督徒的，舊約聖經（或首部約書）也同樣是猶太教的典籍。在伊斯蘭教中，由舊約和新約這兩部分所組成的聖經是整全啟示的第一步。在決定歐洲和北美洲的歷史路向上，聖經所扮演的角色遠遠超越教會的界限，即使其影響力是以對聖經和宗教作批判的形式出現的。**聖經的**（biblical）這個形容詞所能應用的範圍，較**基要主義**、**福音派**、**新教**、**天主教**、**教會**，或**基督教的**這等字詞的意義範疇遠為寬廣。因此，我主張要對聖經作公開而開放的研究和鑑賞。

公開而開放的聖經研究就是要探求聖經本身的原意，任何人——無論是否相信聖經——也適合進行這種研究。猶太教是第一個創設正典的宗教，因而也創建了「聖典宗教」（the religion of the book）這種宗教類型。人們可以透過閱讀其典籍而認識這些聖典宗教，諸如猶太教、基督教或伊斯蘭教，而毋須接受它們的禮儀與生活方式——毋須進食猶太教餐、到麥加（Mecca）朝聖，或是出席彌撒。是否相信根本是另一回事。要認識這些宗教，只需閱讀其典籍便可以了。無疑，那些偉大的聖典宗教都有其宣教元素，但我們卻可以排拒這些元素而獨立地閱讀這些典籍。這樣做的話，讀者便會與那個對聖經的出現起著部分作用的動機相一致。

聖經在成書之時便已為局外人所注視。舊約聖經正典的構想乃始於以斯拉——他（很可能）於公元前四世紀初葉，按著波斯王的吩咐而重建猶太人社羣——他並將之視為其基礎的「天上上帝律法大德」（拉七 12）。我們不知道他所攜帶著的這部「律法」到底是甚麼，但是他的意圖顯然不是單單為了設定某種內在秩序，而更是要確保猶太教在周遭世界中的自主性。波斯的統治者們已預備好要遵守這律法。在《七十士譯本》（*Septuagint*）——猶太聖經的古希臘文譯本——中，我們發現了正典一個類似的外在功能。根據描述這部譯本的製作過程的《亞里斯提書信》(*Letters of Aristeas*)所言，《七十士譯本》是一部為了向非猶太人解説猶太教而編製的譯著。這部譯著是為亞歷山大(Alexandria)著名的圖書館而製作的(*Letters of Aristeas*, 9f)。這封書信描述了那羣翻譯者與非猶太人皇帝就著政府的恰當本質這個課題，進行了一段冗長的對話。即使這只是一個傳説，但卻也顯示出——不理會這部聖經譯著背後那歷史的真實動機為何——從猶太人的角度而言，《七十士譯本》絕對不是一部單純的「內部」文獻。

另一方面，新約聖經的出現也只是在於對早期基督徒羣體內部推動力的一種回應。這是一份屬於小眾團體的文獻。因著這個特別的原因，當我們在其中發現了那被我稱之為「新聞報導式」的推動形式，那便是尤為令人驚訝的。即是説，這些早期文獻乃是在一種接近於基督教的新聞報導方式之中，試圖宣告「福音」；這「福音」便不單代表「好消息」，而更是一個帶著明顯**公共**特徵的喜樂信息。這種公開宣告乃是羅馬書的主題，使之成為第一部具體表現這種「新聞報導」格局的基督徒著作。在羅馬書一章，保羅把他的收信人稱為「萬國的人」(羅一16)、希臘人或非希臘人、聰明人或愚昧人(一14)。這種「好消息」的公開宣告也同樣是最早期福音書的主題(一1)，這個好息消被散播至全世界(可十三10，十四9)。無疑，所謂的宣教意圖乃是在這一切之後才出現的；然而，事實上，新約聖經是寫給每個人閱讀的，而並不只是寫給信徒閱讀。我們有證據顯示，古代世界那些批評基督教的人早已閱讀過聖經。因此，公開而開放的聖經研讀與聖經的本意實在沒有任何衝突之處。

緊接下來，我們會問：我們在聖經中當尋找甚麼呢？聖經中有哪些內容能夠促使我們與其他人進行健康的對話呢？在接續下來的論述中，我假定了聖經的自我表述比其他方法更能夠替聖經自身提出辯解。到頭來，人們閱讀聖經，只是因為聖經本身有著一種觸動我們的能力。我明白到，我的提議不過是要讓其他人能夠留意到聖經這份觸動讀者的能力，以致他們可以發掘那些讓他們進深認識聖經的個人理由。

1
為甚麼所有知識分子都當認識聖經

荷馬（Homer）的作品是希臘人的聖經，即使他們不再信奉荷馬的諸神，他們還是保留著其史詩（epics）。即使基督徒也會閱讀荷馬的作品。他仍然是古代世界分崩離析後的人文及文學教育的一部分。這種情況能否同樣套用在聖經之上呢？聖經能否在逐漸遭受蠶食的情況底下，仍然作為一個對世界及人類生命源頭的解釋而繼續存在呢？有一些迹象顯示到，這是可能的。正如一些基督徒知識分子繼續閱讀古代晚期荷馬的作品一樣，現代的一些非基督徒知識分子如布萊希特（Bertolt Brecht）和布洛赫（Ernst Bloch）等人也會閱讀聖經。然而，那些不再相信那道成肉身的上帝之子的現代人，就像是那些不再相信荷馬諸神的初代基督徒；對這些現代人而言，聖經到底有甚麼價值呢？聖經的知識，可以怎樣幫助我們理解歷史，以及應對當前及以後的種種問題呢？這樣的聖經知識能否幫助我們與猶太人和伊斯蘭教徒建立彼此間的對話呢？

一　聖經幫助我們理解實在

我們的知識世界被劃分為自然科學（natural sciences）、社會科學（social sciences）和人文科學（humanities）。聖經知識屬於人文科學的範疇，但卻同時涉及另外兩個知識領域。我們會首先探討聖經如何關聯於這三種類型的知識。

1. 自然科學

一般人通常都會把自然科學的知識看成至為重要的知識，因為它容讓人類透過科技來操控大自然的進程。科學知識的實驗性根源——以科技介入大自然——令自然科學的「工具性」解釋（"insturumental" interpretation）看來合理可信。任何源自對大自然的入侵而產生的科學知識，都能夠幫助我們更有效地入侵大自然。但這並不是科學知識的全部。自然科學也同樣尋找在這個世界中的定位。我們需要一些關於大自然基本運作、物體結構，以及物種起源的知識，好讓我們能夠把自己如實地整合在萬物的總體方案之中。自然科學就此提供了一些不可或缺的「導向性知識」（orienting knowledge）。即使它們無法告知我們在這個宇宙的位置中該當如何處世，但至少也給我們提供了一個關於這個位置的實在論式描述（realistic description），以及幫助我們更好的評定在這個位置中我們應當作甚麼。

我們倚賴自然科學，乃是要發展自己的自我概念（self-conception），而不是單單為了操控大自然。拒絕將自然科學納入文化經典之中，實在是缺乏文化素養的一個標記。

聖經自有其所當扮演的角色。科學知識取代了聖經的世界觀，但與此同時，關乎創造的聖經信仰卻促使我們對科學知識有所探求。

對科學的求知慾從聖經世界觀的約束中得到解放，乃是現代世界誕生的部分原因。比我們的慾望更具優先性的那些知識——這些慾望包括那在這個世界的傳統解釋中尋求安身立命的慾望——在今天已佔了上風。聖經已然失去解釋世界的權威，不能再界定萬物之所是。

然而，單單把聖經世界觀與現代自然科學置於彼此對立的位置上，實在是非常簡化的做法。神話（myth）是理性（*logos*〔邏各斯〕）對嘗試理解世界的初步探求，並且它分配給人類在世界中有一席之地。聖經的創造故事就是要刻劃這一切，特別是當我們把第一個（較晚期的一個）創世敍述（創一章）與第二個創世敍述（二章）作出比較之時。第一個敍述乃是見證著井然有序的創世工作，以及由上帝的決策所建立的秩序之奇妙。這是披著神話外衣的一種進化論，在其中，人類是在最後才出現的，他們意識到他們對這個世界的責任。

假如在聖經的早期階段，就已有一種對知識的前科學性（prescientific）渴求在其中運作，我們便會更容易的明白到，那接續著聖經創世信仰的歷史，如何透過兩組動機——對智慧的敏感度和大自然的偶然性——而推動科學知識。

1) 即使來到今天，我們仍然會對於充滿在這個世界中的「智慧」（intelligence）感到驚訝，因而為那些從自然科學中獲取的知識添上一份宗教寓意。對於開普勒（Johannes Kepler）、牛頓（Isaac Newton）及許多其他科學家而言，大自然隱藏著一份奇妙的智慧。他們把大自然當作一本由上帝以數學語言所寫成的書籍來閱讀。
2) 與此同時，對世界的偶然性的認知，引發出實證研究：倘若上帝曾經有不同的心意，自然世界的每一件事物都可以與現在的有所分別。沒有任何「先驗的」（*a priori*）觀念可以預測大自然的秩序：它只能被「後驗的」（*a posterori*）作出觀察和描述。即使其實驗方法與聖經的創造信念能夠彼此銜接：假如上帝像「技術人員」一樣創造這個世界，我們還是要藉著追隨祂的足迹，才能最恰當的認識這個世界——正如一個陶匠的手藝最為那些製造陶瓷的人所理解一樣。

今天，對大自然的智慧和偶然性的信仰，較諸對上帝的信仰更經得起時間的考驗；這種信仰以一種宇宙—宗教性（cosmo-religious）的敬虔，從情感上高舉那些科學的發現。然而，這種對科學的回應只能闡明一種在自然科學中業已失去的神話力量：儘管用上我們所有的知識，我們還是無法賦予自己在這個宇宙中任何具意義的位置。科學本身只會對應於世界的現象，而不會處理價值或意義問題。因著我們所有的知識，我們的確比那些記述聖經創世故事的作者更了解大自然；然而，這些知識卻使我們無法確切表述聖經中那時刻迴盪著的重複語句：「看，一切所造的都甚好。」

科學與聖經藉著科學史——自然科學的其中一面，屬於智性歷史（intellectual history）——而連結在一起。自然科學乃是屬於人類的活動，自當有其歷史。為要理解我們那現代世界觀的本源，我們必須認識聖經中的神話世界，以致能夠明白神學信念如何推動及限制科學知識，以及欣賞那在自然科學中早已失傳的神話思想的綜合成就：將世界詮釋為一些寶貴的事情。

這些歷史層面上的考量，為聖經與自然科學的發現之間帶來了重要的聯繫。一方面，科學知識可以被納入對創造主的信仰之中——這位創造主創造了（並繼續承托著）這個讓人類活在其中的世界。因此，人們可以這麼說：上帝創造了物質，並使這些物質內藏著一股力量，而能夠自我進化成為一些更高階的系統。聖經中那七天的創世故事被擴充為不同的進化階段。在這些階段中所真確發生的事情，是可以透過科學而被探索的，但只有聖經中的讚美，才能對它們所有的價值作出估量。卡德納爾（Ernesto Cardenal）在他的其中一首拉丁美洲詩歌中，曾詩意地表達這種讚美，我在這裏只引錄其開首部分：[1]

讚美上主，噢，我的靈魂
主我上帝，祢極其偉大
　　祢披滿了原子的能量
　　像披上斗篷一樣
那一大片旋風式的宇宙塵埃
彷如窯匠手中的陶鈞
祢著手疏理銀河星際的螺旋軌迹
從祢指縫間滲溢出來的氣體冷卻並燃燒著
祢在塑造著繁星
祢給星體裹上一層保護套，彷似保護孢子或種子
　　一樣
並把顆顆彗星散佈四周，像撒花一般……

另一個可能性是把聖經宗教的出現，糅合在進化論對世界的科學性解釋框架之中，把進化論的解釋延伸至人類文明當中，將聖經宗教理解為整體進程的最後階段。這條進路帶來了一個問題：宗教在這種進化論中扮演著一個怎樣的角色？宗教的社會性制約有否對「物競天擇」作出規

範？社會生物學家（sociobiologists）面對著一個謎團，就是如何讓人類文明中那種利他行為能夠延伸至那些與他們沒有基因關係的個人之中？在生物的進化中，利他行為只有在「獲益」的情況下才會盛行起來，而所謂的「獲益」是指能夠增加其繁衍自身基因的可能性。在這種情況下，惟一能夠獲益的利他主義（altruism）就是那種預期能夠得著互惠的利他主義，或是施之於那些基因相關的人的利他主義。然而，人類的倫理學卻要求我們對他人施以援手，而不管那些人與我們是否有關係。這帶出了一個問題：宗教本身是否有一種操控行為的內在力量，使我們能夠將那些與我們非親非故的人視為「弟兄」和「姊妹」？宗教有否配合我們大腦所能創製出來的一份同理心（empathy），而引導出一種倫理學，用以保護一些即使在生物學上並不健全的事物？休戚與共的原則（principle of solidarity）是否就是這樣勝過物競天擇的原則？正如由化學進化過渡至生物進化一樣，熵原則（the principle of entropy）在某個規限處境中被中止了，因此，在生物進化過渡至文化進化的過程中，物競天擇的原則也是可以暫且被擱在一旁的。在人類文明這種「反物競天擇」（anti-selectionist）的觀點中，聖經成為文明的核心，因為它斷然抗拒那淘汰一切軟弱和不適合生存者的物競天擇的原則。即使這些進路還在「試驗階段」，但卻至少值得我們提上一把。

　　在任何情況底下，自然科學對於宗教和宗教批判的未來都是十分重要的。自然科學的後現代相對化（postmodern relativization）將會帶來一些有效的論點，它不會模塑一般人的思維方式，但卻會影響少部分的知識分子。今天，自然科學被正確地理解為最具適應性的知識形式，假如我們要與那些真正活生生的人相處的話，我們便必須較大部分神學家們更加認真地對待科學了。

2. 社會科學

社會科學所獲取的知識是屬於協作性知識（cooperative knowledge），它讓人們彼此同工，並理解他們的行為。由於只有透過與其他人合作，才能獲得這類知識，因此，將之歸類為協作性知識的做法是十分具說服力的：社會科學依賴人們對研究調查的自願性回應，以及對某些受規則約束的實驗的參與。這樣子得來的協作性知識，可以有各方面的用途：操控或解放、保守的或進取的。它有助於人們互相支配，或是擴闊他們各自的自由空間。然而，有一點是真實的，就是除了任何這些操控性或解放性的用途外，這類知識仍然扮演著導向性的角色（orienting role）。心理學幫助我們明白自己心思、觀念和行為的一些基本特徵；社會學幫助我們理解自己的世界觀，以及我們的道德觀念與行動所受到的社會制約。這兩者對於我們的自我概念都是十分重要的。

聖經在其中扮演甚麼角色呢？這是一本把宗教社羣

當作一個規範數量（normative quantity）而對其作出引導的書籍，這是一本具有社會力量的書籍，它促進有效「統治」——由上層所強制施行，以及下層所反抗的。在歷史的進程中，宗教以及其象徵符號常常成為協作與侵略的工具！它曾是社會平衡的源頭，以及詮釋性——即解釋性——內戰所發生的場所。

即使對理性行為的出現，聖經也有其角色。理性行為不單有古希臘與古羅馬的根源，而且同樣也有聖經的根源。聖經講述了如何根據那惟一上帝的誡命來管治生命，而這種管治是全體人民皆以之為模範而共同履行的。在遠古時代，猶太人通常被認為是一個哲學性民族，哲學家是惟一一羣會聚首在書本旁邊，並嘗試按照書本的教導而過活的人。然而，此時整個民族卻試圖貫徹始終地實現一種崇高的民族精神，他們崇拜一位無形無象，並且對倫理力量有著熱切關注的上帝。他們對倫理規範那加倍的熱心，導致罪疚感的加增——這是強烈倫理敏感度的缺點。自我管束有其黑暗的一面。在保羅的著述中，我們已經感受到一種對律法那壓制層面的反動。現代的一些宗教批判大師如尼采和佛洛伊德（Sigmund Freud）等，都曾揭示及分析這個人類自我抑壓的陰暗面，但是聖經的影響力卻不只產生對宗教的批判，而是提出一系列的藍圖，讓普通人也可以實踐一種始終如一的生活方式，讓他們曉得自己也能像王者一樣昂首挺胸地走完其人生旅程。

然而，聖經並不是經常如此單純地鼓吹理性行為和約束的，它同樣是批判與反叛的根源。有一個例子可足說明這一點：布坎拿（Georg Büchner）和神學家韋迪茨（Friedrich Ludwig Weidig）於一八三四年合作寫下了一本小冊子《赫森快報》（*Hessische Landbote*），當中充滿著聖經的引文和暗示：

> 畜棚，平安吧！皇宮，開戰吧！一八三四年的境況就像聖經撒謊一樣，就像上帝在第五天創造了農民和工人，第六天創造了皇子和貴族，又如上主對後者說：「那些統管萬物的東西爬滿了全地了嗎？」把農民和小鎮居民歸類為害蟲一族。[2]

在社會科學之中，同樣可以從兩個角度來理解聖經。當中的發現可以被置於一個神學處境之中。在這種情況之中，教會是一個建基於超越性（transcendence）的經驗的實體（entity），而不能衍生自任何類型的社會實在。然而，社會科學也能夠根據社羣、階層與結構來理解教會的現世層面。

然而，神學議題卻經常被安放在社會科學的脈絡中，結果往往造成一種對宗教的嚴厲批判。宗教被視為一種回歸嬰孩期的倚賴的倒退現象，或被認為是拒絕睜眼審視那無情的實在，只因我們需要一位天上的慈愛父親以作為一種情感上的保障。或者，它被揭示為一種階級矛盾的表達形式，既可作為對壓迫的一種無力反抗（或是創造物的歎息〔groning of creation〕），也可作為對依賴自我創造的生產模式（self-created modes of production）的一種拜物教式頌揚。這種對宗教所作的現代批判採用了一些聖經的隱喻和形象。當馬克思（Karl Marx）把宗教説成「創造物的歎息」時，他是借用了羅馬書八章22節的主題。至於他的拜物主義（fetishism）理論也與先知那針對人手所造的偶像的批判彼此和應（例如，賽四十四9～20）。所謂偶像，就是一個由人手雕塑的木像，需要超自然力量的介入而使之像神明一樣讓人膜拜。佛洛伊德將自己比喻為摩西，而摩西曾帶領一批反叛人士進入曠野。他的神——道（*Logos*）——擁有舊約聖經的上帝的特徵。

對聖經所作的心理學和社會學解釋，也同樣受到宗教批判所啟發，但作為一道規條，它卻有著不一樣的價值判斷，因此，這種解釋並不把自己規範在宗教的瑣碎層面中；與此相反，它對聖經裏那些可茲研究的東西所作的實證分析，揭示了一些分析以外的事情，就像石牆上的缺口一樣。不管聖經和宗教怎樣被歸類於它們的社會處境之中，信仰始終堅持著其自我概念背後的理據，而這些理據是無法從非宗教因素中推論出來的。即使它真的有所依賴，但它那種對獨立自主的大膽堅持，仍然會被視為一種對抗性的自主權而受到尊重——那就如人類對那社會的全能性所作的一種反抗。即使把宗教極端地化約為一種心理和社會進程，也沒有人可以否認它包含了一些指向其自身以外的符號與象徵。這些標誌與符號也必須被人按著其本意來作出解釋。這便是我們即將提及的解釋性人文科學的工作。

3. 人文科學

人文科學對文獻與物證的認識，乃是一些幫助我們彼此了解的知識，並且促進了溝通。對語言的掌握始終是理解的先決條件；然而，互相了解並非只是人文科學的宗旨，而且也是其前設；沒有相互的了解，所有人文科學都會舉步維艱。不僅如此，人們無法否認人文科學有其工具性的目標：語言是由規則統管著的架構，而語言能力就是一種「統管的知識」(knowledge of domination)。我們提到對某種語言的「掌握」，並非偶然之事。對語言的掌握既可以有善意的目的，也可以有惡意的目的，它可以是一種政治宣傳與啟蒙，也可以是真相與謊言。不過，我們仍然可以如實地說，我們並非只是為了這些目的才研究那些記載過往事迹的文獻材料，而是也同時把它們視作人類如何理解自我的各種表達形式。我們關心人們如何掌控及解釋他們的生活，好叫我們遇著同樣的境況之時，能夠得著一些啟迪。作為一種規則，我們與他人攜手解釋不同的資源材料，也為著他人的緣故而進行這樣的工作。在有關文本的對話中，我們問及種種理解當下自我的可能性，這是一種大家能共同認受的可能性。我們那種對待文本的進路，經常表現為像是我們需要聽從歷史在與我們相遇時所發出的「呼召」(call)。這條進路把每一種人類的自我概念轉化為一種宣講(*kerygma*)，即一道呼喚我們改變生命的信息。然而，仍然真實的是，我們透過人文科學所得著的領悟，首先乃是將我們導向人類生活的各種可能性。明顯地，聖經展示著一種截然不同的生活模式，它獨特地被置於一個細小民族的生活之中，以作為解釋和掌管人類生活的一種嘗試。在這種意義底下，它體現了一種人們經常能聽得到的籲請(appeal)。聖經在人文科學的領域中留下了許多這類籲請的痕迹，即使當聖經已然化約為生命的基礎，這些痕迹也必須被判辨出來。為著對歷史的研究，以及對藝術與文學的研究，我們還是必須對聖經有基本的認識。

同樣地，在人文科學之中也有兩個曾經被羅列出來的選擇：人文科學的知識可以被併入一個神學脈絡中(一個不會帶來神學難題的選擇)，或是嘗試以一個更廣闊的人文科學脈絡來理解當中的神學脈絡。

理解聖經是所有現代詮釋學——即解釋方法的原則——的原型(archetype)。以往的解釋都受著神學原則為本的規範所支配。沒有甚麼比起聖經的釋經(exegesis)，能把解釋從這種規範性原則中釋放出來，帶來更徹底的改變。人們需要經過一段漫長的時間，才能接納這種必須採用理性方法來研究聖經的觀點。與此同時，對聖經的理解成為了一種具持久性的詮釋學原型，在這種詮釋學中，我們嘗試發掘一些儘管已然過去，但到今天還可應用得著的內容。這便是我們會把那些在某個特定類別中成為權威性著作的書籍稱為聖經的良好理由。當一些書本被人以存在性的投入來作出研究時，聖經的解釋便會被當作楷模。

然而，與此剛好相反的是，聖經解釋能夠適應人文科學的研究方法。聖經可以被人以宗教研究的一些總體類別來進行分析。一個「原始基督宗教理論」可以把聖經當作一座由經文、隱喻與象徵符號、禮儀，及倫理規範——而不是由石頭——所建成的「符號學大教堂」(semiotic cathedral)。正如人類有各種動機去興建大教堂一樣，以聖經宗教建成的符號學大教堂也是如此。然而，任何人想要對此明白多一點點的話，他必須尊重這座大教堂本身的存在目的：它是為了崇拜上帝而被建成的，好讓人們能夠表達他們與超越者之間的關係。那便是宗教的外在層面，這是一位參觀這座大教堂的「訪客」可以毋須參與當中的崇拜、卻又能分享得到的。不過，那位訪客卻能完全與那些居於這座大教堂裏的人感通。

所有形式的知識的趨勢都只會強調一個特定的實效性關注——操控大自然、彼此合作，或互相了解；相反的，我們必須再次申明，一切知識最首要的乃是要確定方向，這個功能超越任何特定的目的。若沒有學術研究，我們便無法在這個世界中發展出一套適切的自我概念，因此，我們必須仔細思量這三條知識分支，而聖經在其中都有著其重要性。從每一條分支中，我們都能發現宗教與聖經的雙重關聯。一方面，傳統神學可以構成某種處境，讓科學化的詮釋方法糅合其中。由於神學所關注的是整個宇宙，而各門科學所關注的卻只是宇宙的某個部分，因此這條進路在很大程度上是可行的。因為科學只處理事實，而神學卻在尋索意義，所以兩者能夠互相補足。然而，我們同樣需要的，並且在我們現代的文化中所不能避免的，是試圖把宗教和聖經語言整合在俗世科學的脈絡中，這進路最終會演變成對宗教的批判，但同時也會發現宗教作為一種符號文化語言的奧祕，這種語言允諾人可以透過與一個終極實在（ultimate reality）建立關係而得到至為重要的益處。往往只有透過這種方法，我們的現代文明才能探索宗教與聖經。因此，這便有如那條建基於一種神學前設——渴望藉著聖經的幫助而與上帝建立對話——的進路，同樣重要。

直到目前為止，我們已把那個由三個廣闊範疇所組成的內在知識框架，當作我們的起始點。然而，除了單單擁有這等向他們開放的知識以外，人們還試圖尋找一些可以讓他們駕馭生命的能力。因此，現在我們會轉而討論聖經對於這種駕馭力的貢獻——並非只為那些宗教人士，而是為著每一個人的。

二　了解聖經是了解自我的一種途徑

無論在指引我們如何過活，或是單單提醒我們一個已然逝去的時代，聖經始終是有關我們的根源的一份重要文獻。要言簡意賅地描述聖經的歷史重要性，實在不是一件容易的事，但我們仍然會嘗試簡單地描述幾個關鍵的觀念。

1. 了解一段共同的過往

我們所能認識的人類歷史，都指向中東地區，並視之為人類文化開始急速發展的一個地區——包括埃及、敍利亞和美索不達米亞（Mesopotamia）的新月沃土。在這裏，我們找到城市、城邦和文字的起源。我們的現代歷史乃是起始於那位於這個世界邊緣上的兩個小國——以色列和希臘，儘管這兩個小國深深地植根於那個世界，但它們卻故意將自己從中分別出來。

以色列人乃是以從埃及的「為奴之家」和北方的仇敵亞述之中的逃脱，來界定自己的身分。他們認為自己已然從那次成功的出埃及事件中脫離了舊有世界而得著自由。然而，以色列人的聖經卻以一種今天仍然留存的形式——它的智慧、律法制度、禱告和神話啟示——為我們保存著這個世界。宗教—歷史研究能夠使舊約聖經的聲音轉化成一首交響樂，我們可以從中聽到那些早已絕迹的文化的主題和問題。儘管以色列人有屬於自己的一套正典觀念——

即著作匯輯，就是要使他們的歷史回顧有別於人類那些不可靠的回憶——他們仍然豐富著文化回憶的概念。在這過程之中，他們發展出一套學習與紀念的文化，至今，這種文化還模塑著我們處理過往歷史的方法，特別在那些必須處置的罪疚與失敗之處。在這些著述中：

1) 他們給我們的文化冠上了一個**人類形象**，將每個人定義為按著上帝的形象而被造的，擁有不容侵犯的尊嚴。這個形象在那不可冒犯的人類尊嚴中，繼續留存下來，即使其背後的假設已然消逝無蹤。
2) 他們藉著制訂上帝的律法而創建了一套令人印象深刻的**命令式倫理學**（mandative ethics）——在十誡和愛鄰舍的誡命中仍然存在於今天——這套倫理學獨立於人間的一切權威之外。
3) 他們構想出一套**歷史視象**（vision of history），使人類對歷史事件負上責任，也同時在有需要的時候促使他們悔改回轉，離開極其糟糕的過往。
4) 最重要的是，在這些經文之中忽視出現一種對獨一真神的信仰，出現了一種對**上帝的理解**，並且視上帝為無限倫理力量的焦點。當現代世界肯定或否定上帝之時，當中所指的就是聖經的上帝。

若沒有聖經所提及的人類形象、倫理學、歷史理解，以及上帝形象，我們實在難以對我們的歷史進行想像。每個受過教育的人都必須了解這些觀念。

與此相反，希臘人的自我意識乃是透過特洛伊戰爭（Trojan War）的敘事詩和他們為著爭取自由而抵抗波斯人的歷史而塑造出來的。他們反抗外來統治的觀念，並且成為第一個制訂民主社羣的民族，由人民親自管理自身的事務。他們為自由人發展出一套自我約束的倫理學，並且合理化我們那限制權威的能力。他們還制訂了一種對所有生活前設進行仔細審視的哲學——在許多學院和學派之中進行競爭。

猶太人和希臘人大概都在同一時期（公元前六世紀）展開他們對獨一神明的信仰：希臘人科洛封的色諾芬尼（Xenophanes of Colophon）時期和猶太人的第二以賽亞（Deutero-Isaiah）時期。這兩個民族同樣轉離那個他們曾經長期以來所熟悉，並且深植其中的世界。在希臘化時期，他們兩者有著密切的對話，而原始基督教便是從這種對話中衍生出來的，結合著以誡命為本的猶太倫理學和以洞察為本的希臘倫理學。在原始基督教中，我們發現兩者以一種命令式的倫理學形式聯結在一起，嘗試在洞察中尋找其基礎，因為上帝已把那神聖誡命安放在人的內心之中。保羅便是採用了「察驗」上帝旨意這種哲學性觀念；他發出指令說：「但要凡事察驗；善美的要持守」（帖前五 21），以及「察驗何為上帝的……旨意」（羅十二 2）。在其中，我們也發現了凡人皆自由——即使是那些在古代世界任何地方都屬於沒有自由的外邦人、奴隸和婦女——的羣體觀念(加三28)。這個羣體的特質就是所有人都應當以其自由來彼此服事(五13～14)。這裏所提及的自由觀念乃是源自希臘傳統中的倫理自主性,而服事他人的概念則來自猶太傳統。我們在其中看到了那種以關注鄰舍為中心的猶太倫理學所帶來的影響力,這種倫理學不單專注在個人的自決性上,並且也關注他人的需要。直到今天,這兩個傳統仍然模塑著我們的倫理學。

2. 在共享的當下中溝通

一個多元世界所依賴的,乃是人們那種在與自己見解不同的人之間互相了解的能力。不擅表達和無法理解埋下了衝突的伏線——最壞的情況包括恐怖主義的出現,不論它的根源是宗教還是俗世。近年來,我們對在這個世界的衝突中那些宗教元素所作出的評估,已有很顯著的改變。

在二十世紀中葉,那些給世界歷史造成主要威脅的,乃是一些俗世的意識形態:國家社會主義和斯太林主義(Stalinism)、種族主義和帝國主義。傳統宗教以捍衛者的姿態出現,抵禦它們的攻擊,國家社會主義遭受認信教會(Confessing Church)的抗議;而在共產主義國家中,教會的宗教原則使它們絲毫不受共產主義思想的影響。殖民主義受到了作為解放運動先驅的本土運動所挑戰。一些涉及宗教人道層面的名人包括史懷哲（Albert Schweitzer）、甘地（Mahatma Gandhi）、馬丁·路德·金（Martin Luther King, Jr.）和潘霍華（Dietrich Bonhoeffer）等等。然而，當走到這個世紀末年的時候，這幅圖畫改變了。各種無法疏解的衝突——北愛爾蘭的新教徒與天主教徒之間、蘇丹的基督徒與伊斯蘭教徒之間、印度教徒與伊斯蘭教徒之間、以色列人與阿拉伯人之間——全都讓人得到一個印象：宗教鼓吹狂熱主義與侵略行為。今天一些不受歡迎，甚至個別被認為如惡魔般的人物，包括了佩斯利（Ian Paisley）、霍梅尼（Ayatollah Khomeini）和拉登（Osama bin Laden）等，也被歸類為宗教領袖。宗教那種不人道的潛能已經露出頭來；然而，在和平運動中、在提供庇護中、在那些不是由國家統籌而對發展中國家所作出的援助中，宗教的慈惠能力仍然起著重要的作用。然而，這等慈惠行動所能引起的關注，相比在戰爭和恐怖主義中所爆發出來的宗教狂熱主義，實在顯得微不足道。

在這樣的處境中，西方知識分子們應當能夠識破當中一些本能式的回應：例如「由於宗教令政治衝突變得無法疏解，我們最好跟它告別。由於我們的確已經告別宗教，因此我們便是站在正義的一方」。但是這等反應卻無法減少文化與宗教之間的不可對話性。我們的存活或許正正有賴各人——不論是否宗教人士——能否培育出對他人的宗教信仰有一份接納，對各種不同宗教作出一種公平而存異的評價。這兩方面都要讓人清楚明白：宗教可以是狂熱主義中的一個主要勢力，但同時也能體現那個將邪惡力量轉化為祝福的應許。

對於這項任務，聖經是一部絕佳的教科書，在其中我們找到侵略佔據的意識形態，以及種族屠殺的命令（今天稱為「種族清洗」），也同時發現到愛鄰舍的教訓，並將之延展至愛陌生人的教導。我們發現聖潔與不聖潔的事情並存在一起。在這部書中，我們能夠學習神話與傳說、禮儀與精神特質（ethos）的宗教語言。只有那些曾經理解某種宗教語言的人，才能夠明白其他的宗教語言——正如母語可以成為學習其他語言的途徑一樣。缺乏了對宗教思想和行為的一份共鳴，這個世界便會失去一種語言，這乃是我們在面對世界性危機的非常時刻之時，所發現的一種作為共同聯繫的語言。

聖經讓我們可以更為廣泛地應用象徵性語言。我們毋須在普世性符號所反映出來的集體無意識中掌握一些原型結構的理論。我們幾可假定一切偉大的宗教都是原始宗教的反射，例如我們所遇上的非洲部落宗教，它們只靠口述傳統而留存至今。我們在其中可以找到禮儀、神話和民族精神的基本原型。第二層次的聖典宗教以一種經過修訂的形式把它們併合起來，這就是我們時常在不同宗教中找到類比及平衡之處的原因。它們返回部落宗教的共同根源，但是它們隨後的發展也展示著某種共同的類型，只有這樣才能解釋我們在觀察後所得出的結果：修道主義（monasticism）並不只是出現在一種聖典宗教之中，神祕主義（mysticism）、聖典也是如此，諸如此類。只有這樣才能解釋何以基督教使命（mission）能夠在亞洲諸宗教的使命中找到類近之處。理解原始宗教形式的語言及其隨後在第二層次聖典宗教（「世界各大宗教」）的發展，是今天的通識教育所形構的目標，在這個範疇底下，它真正嘗試解決當前的「核心問題」。

3. 聖經對個人身分的貢獻

儘管聖經宗教並不算是個人身分的一部分，然而與之進行討論卻能幫助我們釐清自己的自我概念，成為個人作出生命轉化的抉擇的催化劑。今天，對此大概存在有三種可能的回應，而每一個回應都包含著一連串的變數：

1）**批判性排除**（critical dismissal）是一種常見的回應。最極端的情況是，聖經與基督教能夠具體地表達一個人的負向認同（negative identity），那就是他或她所渴望**不會**成為的模樣，而他或她曾經脫離這種模樣而得著自由或釋放。因此，聖經乃是透過分離（dissociation）而促成一種俗世化的自我概念。即使在這個個案中，它還是總體文化的其中一項元素。今天，那些抗拒上帝的人就是在抗拒聖經的上帝。

2）**故意選擇性認同**（deliberate selective reception）乃是一種沒有那麼普及的回應，它接納某些特點，卻拒絕另一些特點，對聖經宗教並不感到自在。然而，即使聖經只是作為一份遺產而被保存著，它還是發揮著其影響力。若我們不信任這種把宗教傳統視為併湊式宗教（patchwork religion）而作出的選取性依賴，便是一種錯誤。其背後有著某種直覺觀念，認為建基於批判性的判別而作出選擇是必須的。

3）**積極肯定**（positive affirmation）可以是自由的詮釋學挪用與基要派的公然違抗之間的任何事情。即使在這種立場中，對於聖經傳統的延續也常常是選擇性的。這種在聖經的內容中所作的選取，通常都並不是刻意的；個人通常都會自覺地傾向整全地延續聖經的傳統。

對於這三種可能性中的任何一個，我們也能為著要明確指出各種生命的可能性與抉擇，而從中勾勒出許多各式各樣的變化。把問題化約為單純的信或是不信，並未能公允地看待生命。不論是有信仰者或無信仰者，都能夠以許多不同的方式來求助於聖經。當中也有不少立場並不屬於確切相信或確切不相信。然而，聖經中所體現的信仰客觀知識，對於所有立場而言都是同等重要的。對聖經的一種開放進路必須是多元的，並且需要預計人們對其所處理的部分會有著許多不同的態度。

在此，我們面對的是這種開放進路的核心問題，當中要應對的不單是信徒，而是所有人。有沒有可能不將聖經當作一份尋求與上帝公開對話的宗教文獻，而認識聖經的最核心內容？這種與超越者的關係能否被傳遞給那些與此文本毫無關係的人呢？在解釋聖經的這個層面時，有沒有可能不將之視作存在性的訴求——這訴求不恰當地把壓力加諸於在提問者身上——呢？瑞士神學家達費夫（Ingolf Dalferth）曾經宣稱，沒有人可以遇見上帝而仍作旁觀者，這個斷言是否正確的呢？我想我會持守這樣的立場：明白聖經文本的宗教層面，對於所有人來說都是重要的——對於無神論者而言，他們可以更加理解其他人那宗教性的自我概念；對於基督徒而言，他們可以更認識自己。為甚麼那些有宗教信仰的人與那些沒有宗教信仰的人，都未能擁有一種可以談論宗教問題的語言呢？在一個多元的社會中，我們可以在一種沒有宣教式催逼感與認信式壓力的情況底下談論這些問題。在我們的後現代文化中，多元主義與宗教寬容或許會引起不少麻煩；然而，就在這一點上，這些令人煩惱的事情卻能夠使我們有所進步，從根本上改變我們理解和看待聖經的方法。

三　一種局外人的觀點：一種宗教的想像式研究的發現

為了幫助我們從外人的角度描繪一幅關於宗教理解的圖像，我會嘗試以科幻小說的筆觸來呈現一個思想上的實驗。讓我們想像一下，在另一個星球上有一羣智慧高超的生物，他們擁有極為先進的科技，能夠獲取和鑑定地球人類的資訊。他們的世界觀是科學化的，不曉得宗教與信仰到底是甚麼，因而極為熱切地想找出人們在實踐宗教時——他們上教堂時、禱告時、遵行那些涵蓋整個人生（由搖籃至墳墓）的禮儀時，以及閱讀聖經時——所做的實際上是甚麼。當這些地球人相信上帝或懷疑上帝的存在時，他們會作些甚麼呢？當他們聽見先知和啟示者的說話，並且認為某些命令是神聖而不可侵犯時，他們又會有甚麼舉動呢？為了研究這些問題，這些智慧生物建立了一些跨星際的宗教研究機構。以下便是它們藉著某種依據自然世界的各類形象、類比和寓言的語言而呈獻出來的發現。

第一個發現：人們活在一個時空皆受限制的世界中，它與實在的本質（reality *per se*）並不相符。他們的世界順應著人類軀體、感官和大腦思想的各種獨特的發展潛能。人類的感官只能察看到光譜中的某個範圍，並不能如看見光線般看見紫外線和紅外線幅射。假如人們擁有不同的感官，這類幅射或會變成一種可以讓人得以看見的光線。但很有趣地，他們總是懷疑和知道他們所活著的這個世界與實在的本質並不相符，並且知道真正的實在較他們所能察覺、重構和解釋的部分還要大得多。他們清晰地說明了這份知識，在哲學和宗教中指出他們的世界是有其限制的。

有些人會採用兩隻青蛙的寓言故事來闡明這種情況：

> 從前，有一隻青蛙生活在一個深井的底部，深井的牆壁又高又峭，牠根本不可能跳出去。牠從沒看過井外的世界。對牠而言，這個世界只有井底的幾個水窪、一些淤泥，和幾株矮小的植物。不久，另一隻青蛙不小心從外面的世界掉進井底這個狹小的世界之中，牠提及外間那些極大片的草原、一望無際的大湖泊，以及發出瀉瀉聲的蘆葦。原先的那隻青蛙問：「那大片草原到底有多大？」然後牠從井邊跳向井中心問：「有這麼大嗎，還是再大一點？」但那隻從外間來的青蛙卻搖著頭說：「大得多。」「不可能的！」原先那隻青蛙說。接著牠從井的這一邊跳到井的另一邊，問到：「那些草原有這麼大嗎？」另一隻青蛙再次搖著頭說：「它們大得多，是想像不到的那麼大。」原先的那隻青蛙開始按捺不住，大聲叫道：「你是個騙子！滾開！你在語無倫次，簡直是個瘋子！」

井底之蛙與人類有何分別呢？人類能夠構想到，在他們所身處這個熟悉的世界之外，存在著一個無限偉大、遠為複雜和神祕的世界。他們明白到，這個讓他們存活的水井，只是大腦所構想出來的；腦袋將那些從感官得來的關於世界的資料，作出某方面的加工處理。然而，他們也有需要去聯繫於那整全的實在，包括那個他們所無法觸及和達到的實在。為此，他們發展了宗教，將之視作一種文化，讓他們得以關聯於那個不可及、不可知、限制他們的意志，並且無法以情緒作出恰當回應的事物。

我們的跨星際宗教研究生的第二個發現：人類世界的限制並不是絕對的，某些人便擁有一些超越他們那世界的經驗。他們就像那隻掉進井底的青蛙，極有遠見，還向同伴談論一個更大的實在。曾經有一些屬於實在本身的事物突然闖入人類的歷史進程中，人們稱之為啟示。人類從一些世界性宗教的偉大創始人身上找到諸如此類的啟示，他們與那隻掉進井底、被其他青蛙所摒棄，並且被牠們視為瘋子和騙子的青蛙堪可比擬。然而，啟示是怎樣為人所理解的呢？我們的學者發展了一套理論：每個人體器官都是一個可以幫助人類適應周遭世界的結構。宗教信仰、行為規範和象徵符號等等也是如此，它們全都是人類企圖使觀念與行為適應於周遭世界的嘗試，以讓他們擁有一些關於那個世界的「提前的消息」。今天，我們知道器官可以透過基因變異而有所改變，以致（在極少數的情況下）它們的適應值會有所增加。它們使得人類世界比以前更容易為人所理解。在某些歷史時刻中，基因變異使魚類的鰓變成了肺，結果生物開始在旱地上生活。同樣，信仰、行為和情緒模式的轉變，開啟了實在的新領域。那些經驗著這種轉變的人，會被其周遭世界視為啟示者。於此，另一個有關青蛙的寓言會說明當中的要點——魚與蝌蚪的寓言：

> 一條魚跟一條蝌蚪彼此相愛。當蝌蚪變成青蛙時，便跳到旱地上去。牠能夠用肺部呼吸，並且發現那個在牠們成長的池塘以外的廣闊世界。牠跳回池塘中，熱情地向朋友小魚談論那個奇妙的世界。但是小魚感歎地說：「我不能跟你到那兒去，沒有水，我是活不了的。」青蛙說：「假如你是真心愛我的話，無論我到哪裏去，你都應該跟隨著我。你到底愛不愛我？」小魚低聲地說：「我愛你。」青蛙高聲地說：「那麼便隨我來吧！」隨即小魚便跳到旱地上，也為此而殉情了。

這個寓言故事告訴我們，人類就像蝌蚪一樣，有些人會發展成為青蛙，經歷著某種轉化，因而進入了各個全新的世界。另一些人會追隨著他們——部分人只是為了「深愛」某些較超前的同伴而已。宗教歷史中的一些偉大啟示者就像那些較普遍速度快一點變成青蛙的蝌蚪，並且被別人追隨著，但這卻往往令那些追隨者吃不消。

我們的學者的第三個發現：人類不單經驗著一個整全的實在，視之為他們在當中成長的一個奧祕世界；這個整

全實在還孕育出他們，他們乃是萬有整全系統之下的受造物。歸根究底，一切現存的東西——每個細胞、每根神經、每個器官、每個意念——全都是這個整全實在所創造的，它們之所以存在，只因它們符合那實在的整全系統。所有生命都感受著那要適應環境的巨大壓力。那實在無法容納一切源於反覆試驗、基因變異，或物競天擇這些透過無止境過程而出現的各種不同的生命形式，它只「選擇」少部分「適應力較強」的生命，就是那些在生命競賽中，求生與繁殖能力均較別人強的生命。這種嚴苛的篩選壓力不單塑造了生命的生物性基礎，還在整體上模塑了人類所活在其中的這個世界——包括其社會制度、哲學信念、科學與宗教。在科學中，這種篩選的壓力將自身顯示為一種極為嚴苛的標準，衝擊著各種假設和理論。在科學化準則得著確立之處，尤其在那些自然科學準則面前，人類往往需要在「實在的祭壇」上犧牲他們的前設與理論。總括而言，一切生命——從單細胞生物到擁有大腦中樞系統的動物，從螞蟻的行為到諾貝爾得獎者的假設——都要服膺在殘酷的篩選壓力之下。

在宗教意識中，這種對整全實在系統的普遍性依賴現象，乃是表現為一種「受造感」（a sense of creatureliness）一種對上帝——一個掌管萬有的終極實在——的依賴感。人類與這種整全實在的關係是矛盾重重的：一方面，人類因著那讓他們得到適切和恰當的經驗的自身存在、軀體和感官而雀躍歡呼。他們通常會為著自身的存在和生命而讚美上帝。生命彷如置身於一場偉大的自我對話之中，而宗教就是指人們愈發意識到、並更為投入於這種對話之中。感恩之心標誌著其起始點。然而，當中還有著另一面。整全實在除了讓人經驗著一種適切的生命外，它也操控著正在發生的每件事情。它並不是任意的：許多事情之所以坍塌和失敗，乃是在於人們沒有順從這個整全的實在。畢竟，這一生只是一個過渡，其確切的終局乃是死亡，只有死亡才能為生命帶來那些出現於每一個新世代的嶄新變數。只有死亡才能促成自然的選擇和生命的進化。但這一切都伴隨著無窮的痛楚。除了向他們所倚賴的整全實在系統表達感恩之心外，人類也為著它所帶來的選擇壓力而感到恐懼。在他們的原始宗教想像中 ——包括對最後審判的恐懼 ——當中的說法是：從那些不同的生命與行為中，那終極實在 ——即上帝 ——會選擇一些成功的，能夠適合生存於那個人類不可知的廣闊世界中的人；相對於那個廣闊的世界而言，現今這個有限的世界不過是一個小島而已。我們可以再次使用蝌蚪和青蛙的形象來加以說明：

> 最初，蝌蚪與小魚在池塘裏一塊兒生活，實在難以把牠們分別開來。但是當牠跳到旱地之上，進入一個新世界時，當中便必須有所區分了。只有那些長出肺部的動物才能夠在陸地上生活，其他

> 的卻必須留在水中。分隔的情況由是而生，「審判」也正式開展。

蝌蚪、青蛙、魚類，以及人類的世界之間有甚麼分別呢？每個人都是相似的。在人與人之間根本不存在任何像魚與青蛙之間那種無法逾越的分別。人們的分別不在於他們有不同的生理器官，而在於他們各自的行為和性情——即他們能夠負責的事情。因此，他們害怕未能善用生命的每一刻，不管萬物的整全實在為何，也不管他們的錯誤會造成何種失敗，他們始終都過著自己的生活。他們並不是純粹地活著：他們主導著自己的生命，並且知道自己可能會失敗；他們也會懷疑到，或會因著自身所依據的乃是一個幻象，而帶來一個被整全的實在系統所拒絕的生命。

現在我們來到學者們的第四個發現：宗教體現著一種由反自然選擇論者提出的反抗。我們的學者站在旁邊的有利位置，對不同的人類宗教作出觀察和比較，發現在它們中間有著一些共同特徵——特別是對待那個整全的實在系統時所採用的、帶著矛盾情緒的共同方法：為生命的成功之處獻上感恩，也為到當中的失敗之處而感到懼怕。但是他們卻在各處——以及清晰地見於聖經宗教中——發現一個可以消除這種對失敗的恐懼的特徵，就是一個把實在的選擇壓力轉化為無條件接納的應許；從中生出一份信靠，相信終極實在不單把人類篩查，將他們分為不同形式的適合與不適合的生命，而同時也無條件地接納那些未能勝任的各種不同生命，惟一的「條件」是要相信這個信息，相信最終那個終極實在不會拒絕任何形式的生命，一切都會被存留，一個也不會失落，即使人類並不知道這是如何發生的。這份確證乃是由那些好像那隻墮進深井而又有先見之明的青蛙的人物之中的其中一位，所傳遞出來的。這份「從上而來的信息」讓人們明白到，他們注定要超越現存的這個有限世界。只要他們仍然活在這個有限的世界中，並以當中的範疇來思考，他們便無法不去審判和譴責他人，把其他人判定為適合或不適合、好或壞、勝任或不勝任。對於人類而言，這就像魚需要水一樣，實在是正常不過的事情。然而，當蝌蚪變成青蛙以後，牠知道原來可以有另一種不同的生存環境——活在空氣中。這個殘酷的選擇世界乃是建基於「適合或不適合」、「勝任或不勝任」的條件底下，但這卻不是實在的全部。從那個更大、更為包容的世界而來的主要信息是，每一個人都會得到無條件的認可——不管他們的為人、性別、種族、淵源為何；不管他/她做甚麼工作以及是否勝任。在我們的經驗世界中，這份無條件的認同就只有人類那份愛的經驗可堪比擬。愛——一種單純接納的感覺。這個傳遞無條件認同的信息，消除了物競天擇所帶來的壓力，就是聖經所見證著的福音。然而，這種反自然選擇論的立場也同樣出現在那些非聖經的宗教之中，當中尤以佛教為甚，佛教讓人擺脫那個令人不安的相互競爭與取締的過程。

第五個發現對我們也是同樣重要的：宗教總是以一種神聖的氛圍來環繞著其基礎、創始者、典籍和教導。反自然選擇論者的自我省悟，明白到何謂與生命背道而馳，假如他們得不到保護而遭受遺忘和壓制的話，他們便會成為物競天擇原則的受害者。他們處身於被滅絕的險境中，因為他們違反了生命的基本必然性。因此，他們把另一個實在絕對化，並套用在當下。那些創教人物是不容質疑的，那些見證他們的文獻可以免受批判，而一些基本領悟也成為了教條。基督宗教盡用了上述的三個策略來防止其遭人遺忘，它給其教主披上一道神聖的光環，把那些記載著教主事迹的文獻奉為聖經，並且把一些基本真理訂定為一道不容質疑的信條。不過，與其本意恰恰相反的是，這種做法同時開啟了一扇讓人批判的大門，這是由於那些把「上帝的道」啟示、書寫和宣告出來的諸種形式，相互地把自身相對化。然而，毫無疑問的是，在這三種形式之中，最為基督教所絕對化的乃是耶穌這個人物：祂既是先存的，也不是受造的。與此相反，伊斯蘭教卻把由穆罕默德所領受得來的《可蘭經》（Qur'an）絕對化，視之為非受造和永恆的。伊斯蘭教徒可以批判性地評價一些關乎穆罕默德生平的傳統（被稱為《聖訓》〔*Hadith*〕；譯按：另譯《穆罕默德言行錄》），更可拒絕接受當中一些他們認為不合情理的內容。最後，佛教把佛陀的教導絕對化，因而能夠相對化其他一切的權威根源：佛陀有否真正活過並不重要；佛教典籍中的教導是否真正出於佛陀的口也不重要，那個被認為出自他的真理教導，其真實性乃在於自身。總會有某種氛圍被強加進去，使得某些人物和實體免於相對化，而使他們不致日漸消逝。

根據這種簡略的概括性論調，宗教乃是一個信念與信仰的世界，這個世界曾經透過一段長時期的反覆試驗來適應客觀的實在，進而得著一些愈趨弔詭性的「發現」，以圖防止日漸消逝和相對化。正如我們會在較後的時間所看到的，模塑宗教的不單是一些適應環境的外在壓力，也同樣源於某種內在的程式，正如所有生物的成長都倚賴其內在潛能一樣。然而，現在我們這種想像出來的跨星際宗教研究的敍述——從對岸觀之——能夠闡明那向局外人解釋宗教經驗的可能性，以致他們可以看出，宗教經驗其實不是某種對實在那被病態性扭曲的見解。人們在對宗教進行理解的同時，大可毋須由一位觀察者轉變為一位歸信者。

四　一種局內人的觀點：不可或缺的宗教

我們選擇了以一個虛構的觀點來作出探求，到底局外人能否理解宗教。同樣重要的提問是，到底在這些觀察者的心中，是否也會有著一些問題，讓他們觸及生命的宗教性解釋。因此，讓我們繼續將這個思想實驗帶回地球，問到：假如我們忽略了關於上帝的問題，到底有何損失？

1) 生命的**意義**與世界之間不會有任何溝通可言。每件有意義的事情之所以有意義，乃在於整合到一個更為廣闊的處境之中；局部的意義總會引向更大意義的探求；因此，要求得整全意義是沒有可能的。當然，總有某些個別事情會讓我們不由自主地感受到當中的意義，例如一個新生命的誕生或那份願意助人的心懷，但我們也同樣經歷過生命之中毫無意義的時刻。因此，我們似乎有理由認定：要麼存在著一個包羅萬有的意義，而這個意義乃是由一位包羅萬有意義的賦予者所創定的；要麼便是一無所有。聖經在這方面起著甚麼作用呢？透過聖經，我們可以與那位包羅萬有意義的賦予者有所接觸！當然，還有另一個立場也是合情合理的：我們處身於世界中的境況或會要求我們作出一個無甚根據的決定，就是更多的從那些有意義的事件中加以學習，而少去理會那些無甚意義的事情。這也是一種信仰行動。聖經是一本鼓勵我們對抗無意義性（meaninglessness）的書籍。
2) 再沒有甚麼讓我們上心在意的事情是我們能夠**全心全意**地相信的。馬丁．路德（Martin Luther）在解釋第一條誡命時，這樣給上帝的概念下定義：「得著一位上帝，就是要全心全意地信靠和相信祂。」因此，關乎上帝的問題應是：我能夠全心全意地相信甚麼？我可以信靠甚麼？有甚麼終極的事情與我有關？宗教帶出了一種絕對感，叫我們感受到某些完全佔據著我們的事情，也帶出一種穩固的根源。聖經對此起著甚麼作用呢？它見證著一種絕對的要求——也警告著人不要把任何偶發的事物絕對化。在聖經中，那便是偶像崇拜。它揭示了我們那種全心相信某些有限事物的傾向，警告我們不要誤入歧途。

3) 不會有給生命作出**正確判斷**的倫理取向。訴諸宗教並不一定會得出一些毋庸置疑的倫理常規，但是我們也當同意，我們的行為規範與價值觀念並非完全倚賴成文法和人類的風俗習慣。國家、法律、習俗等都不是那個終審法庭。此外，要把倫理共識制訂為一套成文規範，較諸只規劃它那些不可逾越的界限困難得多。最後，「理性地」創作一種嶄新的精神特質是不可能的，但卻不表示無法對現存的精神特質作出仔細的理性審查。聖經對此起著甚麼作用呢？任何精神特質的限制都教導了我們一門極其重要的功課：上帝的誡命與人類所訂立的誡命截然不同。它是一份賜予。我們在傳統中發現了它那種不太體面的蹤影。我們可以自決是否要對那個傳統作出仔細的審視。但是，它畢竟教導了我們如何處理精神特質的限制：我們永不可能完全滿足一切的倫理規範。

4) 我們無法知道那些**超越我們能力範圍**的事情。於此，我們明白到，我們較有能力操控生命的消極層面過於其積極層面。我能夠了結生命，但卻無法創造生命。有兩件事情是越過我們能力範圍的：我們作出行動的預設條件(自然律、我們的根源與歷史、我們所身處的地方)，以及我們作出行動的限制。我們往往未能認知那些預設條件，然而，它們本是那麼的顯而易見。不過，我們卻也極其痛苦地意識到自己的有限。宗教包含了一種對那些超越我們能力範圍的事物的意識，若非得到宗教的啟迪，這種意識便會萎縮。在這方面，聖經也承載著令人欽佩的見證。

總括而言，這種對於實在的宗教向度的探求，並不需要借助傳統的上帝觀念來作出表述。而是，對這宗教向度的敏銳觸覺，讓人們願意向聖經開放，在與聖經打交道的過程中有所學習。當然，自我反省總能叫人接受許多事情，但是往往需要一些外來的刺激才能揭開這些事情的箇中底蘊。聖經可以是這樣的一種刺激物。

因此，研究聖經的一種公開進路，就是讓所有人皆能把聖經當作一種能夠承載宗教經驗的語言。這種閱讀聖經的方法是通識教育的一項元素；許多人會質疑，到底剛才那幾段文字會否超越**通識**教育，而把我們引進**宗教**教育的範疇中。聖經於此有否成為一份需要宗教委身的文獻，而不單是一份文化記錄呢？我們會這樣回應：理解那些使宗教得以出現的條件是重要的，即使對於一個對「宗教」一竅不通的人而言，也是如此。對這種人類的自我概念的可能性有著一份觸覺——以世上許多種不同的形式體現出來——應當是任何意圖窺探圓滿生命的人那內在的一部分。理解某種宗教語言與採用這種宗教語言是兩碼子的事。只有既掌握又採用宗教語言的人才會把宗教經驗轉化為神聖經驗。

然而，把聖經文本作為潛在的超越經驗而進行解釋，並不是研讀聖經的惟一目的，當中還有其他目的。宗教教育的目標，正正反映出這些不同的目的，而給聖經賦予不同角色。這實在值得我們深入探究。

2
聖經的「重點」

世間上，並不是只有大專生才能體會到學海無涯的道理，任何人都不可能窮盡他所欲研究的學問，而只能對學問有所「涉獵」而已，這便是那些像我一樣的老師會希望就著某個課題找出重點的原因。那些在其課程上只賦予聖經一個邊緣角色的老師們，必須問這樣的問題：在有限的時間中，我應當教導些甚麼？至於那些分外重視聖經的老師們，也必須說明他們究竟在聖經裏發現了甚麼，值得我們給予額外的關注。然而，世界上沒有任何不證自明的研究對象，有效教導的重點，是要知道怎樣叫那些第一次接觸這門學科的人能夠對之有所**掌握**，並且曉得在這門學科之中有哪些內容是最能引起學生興趣的。研讀聖經也是如此。

我們應當怎樣決定哪些才是聖經的**重點**呢？

從教師的立場而言，這個問題意味著從聖經中找出一些使人容易明白又感興趣的東西：在聖經經文的基礎結構中，到底有甚麼基本原理呢？經文裏面蘊藏著甚麼是生命和學習所不可或缺的東西呢？當中有甚麼能夠作為整體的代表？倘若我們能夠回答這些問題的話，我們便能夠期望從聖經中不只獲得一些雜亂無章的零碎知識，而是能夠通曉其基本結構。

不過，我打算更進一步地問：那些學習得來的東西，如何將我們帶進與他人的對話中呢？對於我們所身處的歷史處境而言，能夠投入真正的對話是十分重要的，持著不同信念的人必須尋找他們之間的共同基礎。這些問題——在這些素材之中，到底甚麼才是根本的？對於人類生活的適切性而言，到底甚麼才是主要的？有甚麼可作學習的典範？有甚麼能支援那些真正的溝通和對話？——都是本章的討論焦點。

一　聖經中有甚麼是「主要的」？

甚麼是聖經中基本及主要的結構呢？在此，我們所尋找的是聖經的核心信念和基本主題，這會容讓我們對聖經觀點提出一份整體性的描述——某些圈子會稱之為聖經神學（biblical theology）——依據聖經文本世界中的深層結構，而不對其豐富的細節作出任何闡述。接著，我們可以繼續問到，在這些基本主題中，到底有甚麼東西能夠模塑人們的生活。**文本主題**（textual motifs）從而成為了**存在主題**（existential motifs），我們可以將那些豐富著我們基本生活經驗，並且能使我們對聖經產生一份「共鳴」，從而超越人世間的種種滄海桑田的元素，視為聖經的主要核心。

同時，我們也尋找聖經之中那些提倡在多元社會中進行對話的觀點，任何對聖經的理解，都必須在三種對話中證明其價值：與世俗社會的對話、與其他宗教的對話，以及在不同的基督教宗派之間的對話。當然，這些對話並非只是單單為了申明某人的傳統。今天，我們只有在與其他人進行對話之中，才能申明自己的傳統。舉例來說，假如我們無法向其他人陳明自己的背景立場，並且期望他們可以明白和尊重我們的基本信念的話，我們誰也不能擁有一個真正的猶太人或基督徒身分。

1. 聖經的基本思想架構

問及聖經中的「主要」內容，意味著嘗試在避免忽略任何重點的情況下，而將之簡化。當科學把過程化約為定律、把變異事物化約為固定種類、把特殊個案化約為一般通則時，便會出現簡化的情況。毫無疑問，實在總較我們所表達的複雜得多；然而，在我們的腦袋中存放著某種邏輯秩序（即使是「簡化了」的實在），也總好過給全然複雜的事情搞得頭昏腦脹。

在聖經的學術研究中，對聖經的基本內容作概述的工作，通常是由所謂的聖經神學所進行的。到了二十世紀，其中一條最具影響力的進路是布特曼（Rudolf Bultmann）

的存在主義式解釋（existentialist interpretation），這條進路辨別出新約聖經的一個核心：十字架的宣講與耶穌的復活。這個核心使信徒憑藉信而得以與基督同死同復活，因而得著轉化。這種在轉化之前與其後的生命，被置於本真（authentic）存在與非本真存在的存在主義式範疇中而作出解釋。對於信仰而言，舊生命與新生命之間的分別是首要的，不少個人都嘗試透過自身的努力去了解自身本真的生命；然而，在信仰之中，他們卻可以把本真生命當作禮物一樣來接收。這種對新約聖經信息的解讀，乃是基督新教（Protestant）的核心。在其中心屹立著唯獨恩典（*sola gratia*）與唯獨信心（*sola fide*）對真正生命的應許，當中並沒有任何律法上的要求；律法是會叫人離開正道的。按照這樣的觀點，聖經的本質就是宣講福音（*kerygma*）——宣講——一個要求人作出抉擇的邀請。在這種宣講之中，救恩的事實遠勝於從中流溢出來的任何倫理規範。聖經的基本核心在於人類存在的基本架構之中，並在聖經文本中得到表達。然而，布特曼的藍圖卻不夠細緻入微，尤其在存在範疇方面更是如此。存在範疇主要包含諸如恐懼、憂慮、死亡、本真與非本真等解讀範疇，這些範疇符合存在哲學人類學的範疇，卻未能配合聖經所反映出來的整全生命。例如，哪裏有在詩篇中所有的喜樂、讚美與感恩呢？哪裏有瀰漫在約瑟的故事中的侵犯與復和呢？哪裏有公義與先知的批判呢？哪裏有從舊約律法規範的制度而來，那種對重擔的承擔和釋放呢？存在進路是單方面地「存在主義式的」，那就是說，這是個人性的。

古爾曼（Oscar Cullmann）的救恩歷史神學（salvation-history theology）提供了一個真正的另類選擇，其中的關鍵點不在於個人的轉化，而在於改變歷史的軌迹。上帝對人類歷史的介入，起初乃是著眼於普世中的每一個人，並且朝著一個普世的終結進發。然而，在開始與完結之間，因著人類的失敗，上帝改為以一些具代表性的羣體來貫徹執行這神聖目的：因著普世的罪，上帝選擇了以色列民為人類的代表；因著以色列民的失敗，上帝最後揀選了一個單獨的人——拿撒勒人耶穌——祂轉而揀選了十二個使徒為新的一批「餘民」（remnant），對稱地反映著從前的歷史發展。這羣使徒創立了教會，而教會便等同於以色列。然而，教會的存在是要成為所有人類的代表，藉著其宣教信息，將他們帶到上帝之中。按照這種觀點，聖經從本質上就是對歷史的一種解釋，它面對世界，並不是要求世界作出一個決定，而是要告知人們一些事情，讓人們在其中能整合自身。聖經的基礎核心存在於歷史的基本結構之中：普遍性、特殊性，以及在一個愈見受限的羣體中所持續體現著的代表性。這些基本結構組成了聖經歷史藍本的範疇。這條救恩歷史進路雖然處於存在主義式解釋的陰影之下，但其對人類整體的關注，卻使之與那個把焦點放在個人身上的存在主義式解釋一樣，得到一個全然現代的角色。

在本書中，我所倚賴的乃是第三個方案，即一個建基於宗教理論的聖經宗教詮釋。根據這個在學院和大學的宗教研究課程中被廣泛教授的理論，各個宗教都是歷史的符號系統，乃是由符號所組成的結構，並且乃是由於人類要崇拜上帝而被構建出來的。我們在一些循環出現的基本定律中辨識出它們的特色，即每個宗教賴以不斷地構建其意義的「大教堂」的某些原則。按照這個觀點，聖經的基礎核心便包含著一些宗教語言的基本結構，例如它的文法，但是這種文法卻不單軌約（regulates）經文，並且也軌約著其禮儀和倫理學。這種文法是在宗教社會化的處境中被（通常是不自覺地）學會的，只有進深的教育才能將之帶到意識層面之上。

這三個方案都採用了現代的解釋範疇。假如我們終究返回聖經，而問及哪個方案才是在聖經著述中最典型表達，無疑，我們只能得出一個答案：最基礎的就是其中的上帝。每件事情所指向的都是這位上帝。透過上帝的「靈」（Spirit），人們可以認識上帝。使徒保羅運用了古舊的原則：只有相似的東西才能認出彼此，他斷言：「除了在人裏頭的靈，誰知道人的事？像這樣，除了上帝的靈，也沒有人知道上帝的事。」（林前二 11）這個靈連接於道（聖經的意義），這靈並非透過書寫文字把自身揭示出來，而是透過活著的道，「因為那字句是叫人死，精意（譯按：或譯

「聖靈」)是叫人活」(林後三 6)。靈把上帝的旨意寫在人的心版上(三 3),從內裏感動他們,讓他們明白和實行上帝的旨意。基督給予這份自由:「主就是那靈;主的靈在哪裏,那裏就得以自由。」(三 17)因此,對聖經的理解,乃是在於靈使人類認識到聖經的基礎核心——那就是上帝——並且讓人類對聖經文本有所領悟,以致能夠接受它。沒有靈,便仿如在聖經上蓋著一塊帕子,阻礙著人們對它作出真正的了解(三 14)。從這個源於聖經自身的觀點來看,那些經文、敍述和形象,只有在包含了「聖經的靈」,以及讓人明白上帝的情況底下,才能成為基礎。倘若我們知道這個聖經的「靈」**是甚麼**的話,我們便可以回答較早時提出來那兩個重要的問題:聖經中有甚麼可以構成猶太人與基督徒的身分呢?有甚麼可以促成人類之間、宗教之間,以及宗派之間的對話呢?借用聖經的話,我們可以說:不是以聖經的**字句**,而是以**聖靈**為根基,在歷世歷代中建構著聖經的身分。然而,身分卻必須在與他人的對話中呈現出來,否則這身分便會隨著時間而消逝無蹤。靈不單在教會內部的對話中出現,祂就如風一樣,「隨著意思吹」(約三 8)。即使各人操著不同的方言,祂也會把人們締結在一起,就像五旬節的神蹟一樣(徒二 1 及下)。因此,在聖經的自我概念中,「何謂基礎」這個問題,便引申出「究竟是甚麼推動著對話」的尋問。

2. 學習與生命的基礎

毫無疑問，辨別聖經中的基礎結構是一回事，而發現這些基礎結構是簡單得足以讓一些沒有成熟的神學背景的讀者，也能立即明白，卻是另一回事；而且，這些基礎對人類的生命而言，乃是如此的基本，讓人得以在一些極端的處境——例如生命危機——中，能夠立時對之產生感悟。有鑑於此，聖經的基本原理會包括：

- **象徵**——諸如上帝或基督，這乃是對應於早期基督教的兩個核心信念：一神論及對救贖主的信仰。
- **傳統**——我們用以鑑定經文的基本主題；以及
- 象徵與傳統的**關係層面**，那些模塑和理解生命的存在主題。

舉例來說，**上帝創造了一個可靠的世界，在其中，生命能夠得享成功**，這是信仰中一項基礎性的資料。根本上的信靠，乃是一個基本的關係性素質。孩提時期的宗教教育就是始於這種信靠，成年人在遇見危機之時，便會返回這種信靠之中。這種信靠經歷著不斷的發展，直至到達成年階段為止。這種信靠關聯於一些主要的象徵：上帝是創造主、牧者、磐石。上帝親手拖帶我們，引領我們走過一生。我們在少數重要的傳統中找到這些形象，如詩篇二十三篇的「耶和華是我的牧者」，以及詩篇七十三篇中所採用的信靠字詞：「然而，我常與你同在；你攙著我的右手。你要以你的訓言引導我，以後必接我到榮耀裏。除你以外，在天上我有誰呢？除你以外，在地上我也沒有所愛慕的。」(詩七十三 23～25)一些主要的敍述性經文，例如挪亞和洪水的故事，在其結束之時上帝應許說：「地還存留的時候，稼穡、寒暑、冬夏、晝夜就永不停息了。」(創八 22)任何在聖經話語之中成長的人，都會打從心底裏想起這些說話，作為一種保護，以對抗孩提時期的恐懼。成長以後，這些說話仍然言猶在耳：烏雲背後的彩虹印證著，無論如何，上帝也會持守其話語！

這種不斷在危機當中浮現出來的根本信靠，乃是一種普遍的經驗。這解釋了何以埃里克森(Erik Erikson)的人生循環理論得以如此普及。根據埃里克森的看法，人們必須時刻奮力在兩個對立的傾向之間保持平衡：在孩童時期中的信任與猜疑、自主與羞愧，以及疑竇、自發與罪疚；在性潛伏期(譯按：即由四、五歲至青春期)和青少年時期中的勤奮與自卑、身分認同與角色混淆；在成年時期中的親密與疏離、積極進取與安於現狀；及至最後在老年時期中的自我完善與絕望。我們毋須接納這些階段中的先後次序或當中的心理分析基礎，也能在當中辨識出那些宗教象徵所要設法解決的普遍性矛盾。而且明顯地，這個理論不單對經驗層面的觀察提出解釋，也同時訂定了目標。生命不單涉及在對立傾向之間的調解，而是生命**本身**就是如此。

3. 聖經的基本結構與內容

我們可以詳細地討論到，究竟有沒有一些可以作為普遍範例的事實與處境。然而，我的關注點卻較為狹窄。事實上，由於在世俗社會中的人也會慣常地訴諸某一兩個聖經人物或故事的典範特質，因此我會問：哪段經文和主題能夠在最多人的心目中有著典範性的價值呢？

在聖經文本中，包含了各種不同種類的經文。在處理某類經文時，我們會制定出應對所有同類經文的慣常做法。因此，聖經中的敘述體、詩歌體、律法體，以及一些具爭議性的經文，既能被當作某種範例，亦能被視為由那被稱為形式鑑別學（form criticism）所鑑定出來的聖經文體（biblical genres）。原則上，沒有任何一類經文會得到優待。一些重要的主題會出現在這一切的形式之中：創造故事以**敘述體**的形式被記錄下來；禱告表達了信靠（詩二十三）；一神論在一道**誡命**中被頒布（出二十2）；在一封具**爭辯性的書信**中闡明了何謂因信稱義（羅馬書）；神義論（theodicy）——關乎上帝是否公義的問題——在一段**智慧的對話**中被仔細考查（約伯記）。聖經並不是一份單一類型的文獻，而是一部由不同形式與體裁所組成的彙編。每種體裁都必須按著其自身的特色而被理解。毫無疑問的是，形式鑑別學有助於探究各種不同的典範文本。

除此之外，聖經是一部集合多部書卷的結集，每部書卷都有其修辭上的議程，這是由編修鑑別學（redaction

criticism）——一種考查福音書的著者如何編輯所得材料的方法——所鑑定出來的。馬可福音是要人們成為門徒的一個呼召；馬太福音要求人們進入一種在登山寶訓中所總結出的「進深的公義」之中。路加的兩本著作是要叫人悔改，當中的主要人物，從施洗約翰、耶穌，乃至彼得和保羅，都是呼召人悔改的傳道者。那三個關乎失去與悔改的比喻（路十五章），構成了路加福音的軸心。

最後，聖經中的各個歷史時期都是很明顯的，讀者可以跟隨著聖經所展示出來，那從族長時期直至基督教冒起的歷史軌迹。在文學和宗教歷史裏，要在眾多時刻所作的學術重構中，選取一個作為其中的範本，無疑是一件頗為複雜的事情。舉例來說，有沒有人會特別側重以色列創始階段那種不寬容的先知性爭論？那時的以色列乃是一個「獨尊耶和華」的微弱小眾社羣，是對抗著大多數人的。或是特別側重隨後而來，記載在五經之中，其論點較為寬容的第二個階段？當中彼此矛盾的神學觀點並行不悖。又或是特別側重出埃及之後的第三個階段？那時的以色列進入了諸如約伯記等智慧文學，以及諸如約拿書等中篇故事的國際性辯論舞台。甚麼才是一個時期的**典型**？這是另一個選取典範經文與問題的可能原則。

對基礎主題和題目的鑑定，為我們提供了另一個選擇的原則，這原則也能套用在剛才我們所談論的那些事情上。假如我們能夠成功地鑑定出聖經文本世界主要的基礎特徵，那麼，我們只需要各自找出一個典範，便足以説明創造、智慧、出埃及等主題的含義——雖然多一個典範還是會好一點，以致這些典範之間的比較能夠顯示出同一個主題會以不同的形式反覆出現。例如創造這個主題便在許多不同的經文及形式中出現：以**神話式敘述體**的形式出現在創世記一至二章中、以一首**讚美詩**的形式出現在約翰福音的前言中、以一段具**爭議性辯論**的形式出現在羅馬書一章 18 至 32 節中。

4. 在聖經中甚麼是「對話式的」？

當然，在現代的多元化社會中，人們不單按著各自的職業，也按著各自的政治、宗教和文化根源而彼此區分。在這種情況底下，問到甚麼形式的聖經研究對社會凝聚有所幫助或有所妨礙，便是十分重要的。於此，我特別感興趣的問題是：聖經宗教在多大程度上能夠促進對話？這個問題尤其關係到當代西方文化的一種普遍懷疑：聖經能否與俗世和其他宗教進行對話。我的問題是：聖經中有甚麼能夠使我們與其他人有所連繫呢？甚麼能夠幫助我們與他們促成對話呢？而聖經中又有甚麼妨礙著這樣的對話呢？

對話往往在兩個層面上進行：在就事論事的層面上，參與者彼此交換意見；在這種意義下，對話或會如爭論一樣。與此同時，在講求關係的層面上，參與者互相尊重、彼此欣賞，他們或會感受到彼此之間那份較為疏離或較為親密的關係。當對話者之間的距離較為疏遠時，我們便會假定當中可能會有誤解出現；而一旦找到共識，我們便會為之高興。這種對話的出現帶來了好處。另一方面，當對話者之間的距離較為接近時，我們總以為共識是必然的，因而當誤會出現時，我們便會顯得更為驚訝。就事論事和講求關係這兩個層面都是時刻存在的，只是兩者的分量會或輕或重。關係的問題也會對那些製造出各種爭辯的對話造成侵擾。

5. 與俗世進行對話

表面看來，與世俗主義所進行的對話往往是爭論不休的。它把宗教解釋和宗教批判學（religious criticism）奉為一個偉大的傳統。於此，我們可以依據一個複雜而精密的思想體系，例如馬克思、尼采和佛洛伊德等人的思想，他們均對聖經提出了精闢的論點。這些著名的宗教批判家被奉為現代世界之父，他們促成了一種觀念，就是這個世界已經藉著抵抗宗教和聖經而得著解放。這種解放的情緒氛圍有時更會在關係層面上造成破壞。兩者不斷提出及交流關於宗教的各種哲學論點，但是我們卻致力於彼此尊重。在與世俗主義的對話中，參與者往往不期然地置身於關係層面上，然而，他們還是最好意識到這一點。

6. 宗教間的對話

與此相反，宗教之間的對話乃是以期盼一份堅實的同理心作為開始，其中往往包含著一種具神祕性的敬虔，並會傾向以宗教經驗間的相似性來迴避宗教間的差異。綜觀一切宗教，當中的神祕主義似乎都是相同的。儘管如此，我們還是重重複複地帶著錯誤的期望而進入這種對話之中。由於不可能立時出現同理心，我們便必須逐步地進入陌生的世界中。只有經過這段費時耗力的過程，信仰之間的對話才會慢慢地成為一段論證對話。信仰之間的對話必須時刻努力地超越各種善意的表達，並要致力把論點說得清楚明白。

7. 宗派間的對話

普世的對話——即不同基督徒羣體之間的對話——通常都假定了一種根本不存在的親密關係。各種教義立場之間的思想交流，會留給少數普世的「專家」們作出正規的討論。大多數人都認為對話是要申明那個彼此之間業已存在的共通性，而不是要發掘當中的迥異之處，這點是尤為重要的。在那些有著團結意識的參與者當中，對話扮演著一個溝通的角色，他們不單彼此交談，更是一起生活和讚美上帝。

每段對話所面對的任務，就是要在議事層面和關係層面之間取得平衡。當眾參與者相信彼此之間已有著一段相當不錯的關係時，進一步的討論往往會帶來不同的效果。另一方面，當討論異常地講求智性時，人便得留意當中的關係層面了。

要強調聖經傳統中甚麼是根本的，以及甚麼是可作對話的，同樣需要這份平衡。即使當我們界定聖經中甚麼是根本的，也得努力地對他人表達出一種可能的尊重！

3
聖經的中心：核心主題

「聖經的精意/聖靈」不單能夠以神學述語表達，還能夠在宗教研究的範疇中被表述。像所有宗教一樣，基督宗教是一種象徵性語言，當中包含了**故事**和語言學上的**形象**，以及諸如洗禮和聖餐等**禮儀**，還有一些**實物**，例如十字架和聖經、祭壇和教會等等。新教按著聖經的準則來審視一切形式的宗教象徵，凡是未能從經文中得到理據的事情（例如教會那不可爭辯的絕對權威），都一概不予承認。這一切的宗教信物和象徵構成了一種「語言」，讓人類得以與上帝溝通。

我們怎知道宗教會構成一種語言、一個協調的整體？每種語言（包括不同宗教和宗派的象徵語言）都是由一些規則所**統管**的。在諸如英語、德語和法語這些自然語言中，均存在著一些文法規則——就是一些決定字詞如何修飾和合併的規則；在宗教的象徵語言中的，則為其宗教規則。這些規則決定了哪些象徵可以歸於某個宗教的象徵庫存中，以及它們可以怎樣作出修飾和合併。舉例來說，回轉（conversion）這個字詞可以有多種不同的描述方式：對基督教的歸信、一個新的召命、透過知識而來的啟蒙、對過犯的懊悔，或是整個人的重生。它可以與不同的（禮儀）象徵相關：洗禮、按手禮、禱告，或是車輛上的一個魚形符號。然而，它卻永不可能帶出「罪」的正面意思，因為它隱含著對罪的拒絕。這是早期教會的共識，惟一引起爭議的是，回轉是否必須帶著「獨一無二」的印記（如在希伯來人的信仰中，拒絕接受第二次的悔改與回轉），或是如大部分教會所教導的，一個人能夠多次悔改回轉。

我們學習宗教的象徵語言，就如學習一種自然語言一樣，毋須全盤掌握其規則。我們當聽到聖經的故事、歡慶教會年曆中的節期，以及認識到馬槽和十字架的意義時，便會將這種語言內化。正如我們在使用及聆聽母語的過程中，不知不覺地學曉其文法一樣，我們也是在沉浸於宗教的象徵語言中學會基督宗教的基本法則。而且，正如只有少數的文法學家會把文法規則提升至意識層面，在宗教中，同樣也只有相當少數的人——神學家——會擔任宗教的「文法學家」。他們所教導的基礎文法規則就是聖經的基礎主題，我已經引介了其中的幾個：回轉、改變心意、創造和稱義。這些主題便是聖經的精意/聖靈。任何有此信仰的人都會以這些主題的亮光去解釋生命和實在。這些主題都是在歷史之中流傳下來的，並受文字所規限——但是這些主題與所用的字詞的等同程度，總不會如文法規則及其所制定的實際句子那麼一致。靠著這些規則的幫助，我們不斷修訂自己的象徵性宗教世界，並且建構一些或許從未有人説過，卻又屬乎我們宗教的象徵系統的「句子」。這些規則是宗教的組成原則，有時像歷史流傳下來的主題一樣，與人類的稟賦（predispositions）和諧並存；有時卻總要堅持自己的立場，而與人類的稟賦彼此衝突，為要堅持這種立場，有時更要不惜犧牲其他受造物的性命。對於我們而言，重要的是要明白到我們需要學會這些信仰的基礎主題。這些主題是從「聽見」而來的（參羅十17：「可見，信道是從聽道來的，聽道是從基督的話來的。」）。當我們聆聽聖經經文，並將之放在心上，這些經文便會深深藏在我們的心中。

這種「文法式」的讀經方式，對某些讀者來説，聽起來就如那種尋求「聖經説了甚麼」的保守信仰觀點，當中意圖創造一種對「從上而來的」上帝話語的開放性。然而，我們也同樣可以在「自由派」的傳統中跟隨這條進路，這傳統乃是「從下面」來解釋宗教，因為宗教也是一種人類的產物。它是一個象徵系統、一座「符號大教堂」，並不是由石頭砌成的，而是由敍述、形象、禮儀和實物——簡言之，就是由不同類型的象徵所建構而成的。就像所有的教堂和座堂一樣，它是由人類所設計和建造，也是由人類去使用和維護的。不過，正如那些哥德式大教堂一樣，倘若我們不把它們視為一首以石頭建成的讚美詩，我們便無法理解它；因此，假如我們不把這座符號大教堂視為對一個超越性實在的突然臨在所表達的感恩的話，我們也無法了解它。俗世訪客可以把它視為權力和操控的表達，或是人們的恐懼和渴望。然而，倘若他們並不把它視為一個渴求某種「全然的他者」的見證的話，他們還是會無法理解箇中的意義。有些人會因著無法抑制這種渴望而走進大教堂，其他人卻會愉悅地欣賞這建築物的美感。就像任何結構一樣，這座符號大教堂也有其總體原則。在宗教中，這總體原則就是三數個核心信念和基本原則。第一部分會勾勒這些基本的聖經「總體原則」，以作為對「聖經的精意／聖靈」的一個簡單概述。隨後的部分會簡略地提出一些建議，指出它們如何能夠在現代生活中有著其「原始的」意義。

一　基督教信仰的兩個基本信念

基督教信仰以兩個基本信念為基礎：一神論和相信一位救贖主。首先是相信惟一上帝，這點與猶太教和伊斯蘭教（以及古代「異教」中的會聚性〔convergent〕一神傾向）這兩個先知式宗教同出一轍。然而，第二點卻讓基督教與那些相關宗教有所區別，若寬鬆一點來說，它與東方的救贖式宗教（redemption religions）卻有所關連——特別是當我們考慮到基督教神祕教派與原始基督教諾斯底主義

（Gnosticism）中救贖主的角色。舊約聖經的中心乃是獨一上帝的啟示；新約聖經的中心則是救贖主。正典的這兩個部分對應著這兩個基本信念。（我十分清楚那些研讀舊約聖經的神學生們總是傾向否定舊約聖經有其屬乎自己的中心，而只承認在新約聖經中賦予它一個「外在的中心」。然而，這個立場只在基督徒對舊約聖經的解釋圈子中才能站得住腳。）

1. 一神論

基督教信仰的首個核心信念是一神論——相信獨一上帝。實在、生命和信仰中的每一件事情，全都與這個終極實在相關，並受著祂的影響。這個實在是宗教象徵語言的中心，這套語言乃是圍繞著祂而得以建構的，因此，這個實在顯現自身為一個有別於周遭環境的獨立力量。這個信念的要旨是要禁止其他關係的出現：它排除了與其他神明的任何聯繫——以及任何會與這些神明建立關係之物。沒有甚麼可堪與上帝比擬。任何構成這個世界的事物都不是上帝。一神論在主前六世紀出現在兩個民族當中：猶太人和希臘人。在聖經中被稱為第二以賽亞的先知及前蘇格拉底（pre-Socratics）時期的哲學家們，發展了一種超越多神論的上帝觀。在前蘇格拉底時期中，一神論的觀念與那種對世界作出一元（monistic）——即統一——解釋的傾向彼此關聯。於此，當中假定了人類的頭腦有一種將對世界的解釋化繁為簡的需要，即是把多元轉化為純一。在這種意義底下，對邏輯的發現與對獨一上帝的發現互相配合，結果造成了一種由認知層面推動的一神論。與此相反，以色列人的一神論乃是由倫理所推動的。人類的責任乃是關乎那位掌管生命中的一切的獨一權威。上帝是一股光芒四射的倫理力量，以一束熊熊愛火來彰顯祂自己，假如遭受反抗的話，這火燄能夠轉化為地獄之火。在上帝誡命的絕對要求中，促成了一種獨特一致的行為模式。在每個人都得在上帝面前為著自己的生命負責的觀念之中，人類的絕對性與自由的觀念得到表達。

然而，一神論本身便存在著一個問題：這個世界中所發生的一切事情，包括罪惡本身，都必須歸因於那位獨一的上帝。因此，在上帝的倫理要求及其行為之間便出現了一個矛盾現象。我們不可能想像上帝既是全善的，同時又是全能的。我們找到三個處理這個難題的方法：

1） 第一個策略在於強調上帝的主權及超越性。上帝的意念遠超於人間的意念。上帝成為了一位隱藏的上帝（*deus absconditus*），不管祂顯現與否，我們都必須信靠祂。在一切試探與磨難的過程中，我們都得持守著這份信靠的關係，這是那位被吩咐把兒子以撒獻上的亞伯拉罕所採用的方法，他由始至終都相信上帝會提供一個仁慈的解決辦法，與眼前所看見的一切截然不同。約伯也是採用這個方法，他滿足於能夠與上帝的交談，即使關於他何以受苦的那些提問，他永遠也無法得到答案。

2） 第二個策略可見諸那些安慰約伯的人，他們試圖把人類的苦難歸咎於人類的罪惡。約伯記這齣戲劇的讀者們自然會對這些安慰者充滿成見，但與此同時，他們卻也難免會承認這種解釋確實有一股強大的推動力。一個為自己的罪惡負責的人，能夠做一些事情來抵銷這些罪惡，並且能悔改與回轉。一神論式信仰往往關聯於一種極為顯著的罪疚感，當人給這種罪疚感取得支配地位時，危機便會隨之發生。

3） 第三個策略從根本上質疑到一神論的其中一個前提。在人們還是相信諸神中存在著某種鬥爭的時候，我們很容易便能對世界的對立狀況提出解釋。善性之所以蒼白無力，是由於受到邪惡勢力的克制。在一神論中，我們找到某種説法，就是把邪惡勢力歸因於另一個神明，若非如此，也至少是將之歸因於某類惡魔和墮落天使。在上帝與人類之間充滿著居間的存在物（intermediary beings），他們在這個世界的罪惡中為上帝洗脱嫌疑。

2. 相信一位救贖主

基督教的第二個核心信念，乃是相信一位救贖主，它從屬於第一個核心信念，並與之有著某種張力。它是次要的，因為所有人都只有透過這位救贖主才能夠認識那位獨一的上帝。藉著基督，一神論成為了普遍的概念。救贖主確認了獨一上帝的信仰，並且處理其結構上的混亂。

1) 相信救贖主，徹底改變了那種透過居間存在物而被相對化的一神論。基督現今成為了一切惡魔與天使的主宰，祂勝過了所有仇敵與權勢，因而恢復了上帝的主權。由始至終，祂都是「萬有之主」（林前十五11～28）。
2) 相信救贖主，也能克勝人類那種愈見深刻的罪惡意識。從結構上來說，這種罪惡意識是關聯於一神論的，其推動力很容易會轉化為一種癱瘓性的悲觀情緒。從罪惡中釋放出來，開啟了一扇讓一神論得以持續的方便之門。

對絕對性和責任的渴求也模塑了這第二個基督教信仰的信念：宗教層面的反省促使歷史上的耶穌得到提升而取得神性的面向。一個偶然的人物，受制於各種規限，卻被解釋為那位永恆而絕對的統治者的顯現，因而被一種只有神明才配得的神祕氛圍所環繞。十分重要的是，我們必須注意到，這個人物並沒有被這種神聖氛圍所遮掩。在耶穌的傳統背後，我們仍然能夠辨認出那位加利利的巡遊佈道者，他最初主動地接受施洗約翰的洗禮，然後獨個兒宣告天國臨近的信息。他成功地向局外人講說了這個信息，也招致權貴們的敵意，最終被羅馬人處以死刑。這種對耶穌的記念永不磨滅地烙印在這些傳統之中。打從一開始，人們便把他聯想為一個具體的歷史人物，只是一個偶然的、平凡的，並且受著各種限制的人。然而，當他受死以後，這個屬乎塵世的人物卻被整合在「高階基督論」（high Christology）之中，在這理論中，按著復活後的多次顯現為基礎，他被視為超越於普通人——乃是上帝的兒子，決意在上帝與人類的歷史中帶來救恩。

人們在基督中看到了一位從天國下凡以拯救世界的神明：那位在時間以前本已存在的道，卻進入了時間之中；那位地位遠超乎所有人類之上的上帝之子，卻使自己受制於人類的偶然性；一個本為自由的人物卻被交付予一個束縛處處的世界。這種基督論在內在結構上乃是與人類自身緊扣在一起的，即一種存在著永恆感、絕對感和自由感的自身，卻令自己無法不去面對世界的無常、條件與限制。於此，諾斯底主義的觀點也不無道理，它把基督解釋為人類自身的一個象徵，除了那種自我崇拜的觀點以外，似乎其核心深處是不會朽壞、不受規限和不受約束的。

在這兩個基督教信仰的基本信念中，仍然存在著一種張力，藉著首要信念——即一神論式信仰——的幫助下而得以解決，這個首要信念所帶出的是：除了上帝以外，沒有任何事物是能夠與上帝相比的。在一段冗長的反思過程中，初期教會把父與子之間的區別，追溯至某種不可分割的統一體，俾能克服任何兩個或三個神祇的信仰。這種關係表達在三一教義之中：一個本質、三個位格（*una substantia, tres personae*）。在這個反思的過程中，同時更辨別出每個「位格」(person)的獨特屬性。上帝作為創造主，無限地超越一切神聖的受造物。上帝是最奧祕的存有。上帝作為道成肉身的那一位，無條件地以其神性自我認同於人類的生命模式。道成肉身這個觀念所堅持的是，上帝乃是不受制約地認同於這個同一的人類生命，而抗拒著那種試探——將這種聯繫限制在人性高等元素之中，或只是暫時受限或否定其實在。這便是兩性教義(耶穌基督「既是完全的人，也是完全的上帝」〔*vere homo et vere deus*〕)的意思。上帝作為聖靈，延續著將自身與每一個個人的認同。上帝對耶穌這個個人的認同並不是一件單一事件：上帝的旨意是要透過聖靈臨在於**一切信靠祂的人**中間——不單以曾經發生在耶穌身上的事情來向他們提供保證，而且更在他們身上將這些事情更新，作為上帝在他們生命中的臨在。

在我看來，出現在早期基督教中的三一教義回應了一神論的一個根本性問題。假如撇棄了所有神明而只留下一位，祂便得為所發生的每一件事情負責，從而產生了兩個難以疏解的問題：全能的獨一上帝，若同時被認為是全善的話，這位上帝就與世間的苦難並不相容。同樣的，假如一切——包括人類的行動——均由上帝所決定，這位上帝亦會與人類的自由不相容。三一信仰所給予的答案並未能在理論層面上令人滿意，但在實踐上卻是可行的：在耶穌之中，上帝親身擔當了人類的苦難。上帝分擔了其受造物的苦難，並且克服他們的苦難。作為聖靈，上帝賦予人類自由，並且更新他們的自主和尊嚴。上帝的全能並沒有壓倒人類的自主。剛好相反，因著上帝的內住，個人得著了無限的價值。

這兩個早期基督教的基本信念後來成為了判辨真假基督教的準則。與新約聖經正典著述，以及那些與正典口徑一致的地方性基督教文獻並排的，其實是許多諾斯底文獻，這些文獻從來沒有機會被納入在正典之中，也無法在任何聖經手抄本中以正典作品的形式出現。大部分諾斯底文獻遭受拒絕的原因是，當中講述到一位次等的造物神——一股自主的動力，祂創造了這個不完美的世界，這位次等神也否認了那位真正的上帝。在選取經文與傳統之中，上帝的統一性乃是一個不言而喻的原則，任何拒絕接受這個原則的觀念都會被摒棄。除此之外，還有相信道成肉身這條準則——這不單是在基督裏上帝與人類的一個表面而短暫的連合。因此，初期教會道出了兩個基本的定論：對世界的肯定，世界並非源於一位次等的造物神，而是出自造物主那份充滿慈愛的旨意；以及對整全人性的肯定，上帝親自穿上了人類的肉身與靈魂——不是部分的、暫時的，或表面上的。世界和人類因而被聖化了，而且被認定為救贖、禍害與祝福的關鍵軌迹。

二　聖經信仰的核心主題

在這兩個關乎獨一上帝與救贖主耶穌的基本信念之外，我們還在聖經中找到了一種觀察和解釋整個人生與世界的「精意/聖靈」。其中包含了許多基本的主題，就是一些在不少聖經書卷中均有出現的信念，儘管這些信念不一定窮盡了所有主題。它們是充足的，出現在不同的書卷中，關連著各式各樣的主題和文體。它們按著共同特徵而在一些本來迥然不同的文獻之間建立了一種「家族相似性」（family likeness）。在接下來的篇幅中，我會列舉這些基本的主題。這個列表總會有所遺漏，而這些主題也不可能組成一個嚴謹的系統——它們更像是由一堆規則所組成的鬆散結構，當中帶著某些交匯點和接觸點而已；就像是一架不斷行進，卻又包含著一組隱藏結構的車子一樣。任何人都可以嘗試建構額外的主題。

1. 創造

上帝憑藉祂的神聖旨意創造了世界。在上帝的旨意下，本來可以是一無所有，或者萬物本來會有全然不同的模樣。上帝在每時每刻中都在行使祂的創造力量；在歷史之中，這份力量彰顯在耶穌從死裏復活的事件中。

萬物的存在與否取決於獨一的上帝——並非取決於上帝之外的材料、並非取決於上帝以外的任何造物神、並非取決於任何從上帝所流溢出來之物，而只是單單取決於上帝的旨意。在上帝以外，沒有其他創造者，也沒有世界可言。根本上，只有一位上帝，以及一片空虛混沌——上帝從這片空虛混沌中以其力量進行創造。然而，從這個觀念過渡至從無中創造（*creatio ex nihilo*）的信念，卻是一個漫長的過程。

在舊約聖經關乎創造的經文背後，我們能夠分辨出三個創造的概念：與混沌的鬥爭（伯三十八～四十一章；賽五十一 9～10）；透過兩性繁殖而孕育世界（創十四 19；賽五十一 1～2）；以及藉著一句命令而創造了萬物（創一 1～31）。第三個概念在新約時期之初得到了普遍的認同，導致《馬加比二書》（*2 Maccabees*）七章 28 節首個（仍是公式化的）從無中創造的斷言的出現：上帝從無中創造，但這種虛無（nothingness）仍是某種沒有形式的「東西」（a formless "something"）。嚴格來說，創造並非出自虛無（正如二世紀諾斯底派的巴西利得〔Basilides〕所首先構想的），而是藉著話語來創造。保羅稱呼上帝為「那**叫**死人復活、使無變為有的上帝」（羅四 17）。在約翰福音中，創造乃是透過「道」(Word)而得以發生，藉著這道，一束光線照進受造世界之中，與早已存在的黑暗彼此對立。道為受造物帶來意義，使之成為一份人類能夠解讀的封印文獻一樣，而「大自然之書」(book of nature)這個隱喻所憑藉的，也是這種由道予以創造的觀念。

新約聖經預設了創造的觀念，當中並無對此作出任何詳細的論述。當耶穌提及上帝叫日頭照歹人也照好人(太五 45)、餵養天空的飛鳥和照顧野地的百合花(六 26～30)、數算我們的頭髮及以其恩手承托每一隻麻雀(十 29～31)時，我們必須聽得懂從舊約聖經而來的回聲。這種關於創造的信仰是無處不在的，上帝的創造旨意臨在於偉大與細微的事物之中：在時間開端那世界的起源之處(約一 1～5；林前八 6)，及至每個新一天的到來(《革利免一書》〔*1 Clement*〕二十四章 2 至 3 節)；在個人那不可重複的重新受造為「新造的人」中(加六 15)，及至上帝對每個新一天的持續更新(林後四 16)。在過往耶穌那個從死亡復活的事件中，以及將來所有基督徒都要復活的境況中，這種更新創造都起著作用。這種更新創造以亮光和生命充滿萬有：「太初有道，道與上帝同在，道就是上帝。這道太初與上帝同在。萬物是藉著祂造的；凡被造的，沒有一樣不是藉著祂造的。生命在祂裏頭，這生命就是人的光。光照在黑暗裏，黑暗卻不接受光。」(約一 1～5)這光就如那被雲層遮蓋的太陽一樣，照耀著大地卻不被人們看見，只在某處毫不掩飾地闖進世界之中，仿如在蔽天的浮雲中出現了一個破孔：在拿撒勒人耶穌這個人身上。「道成了肉身，住在我們中間，充充滿滿地有恩典有真理。我們也見過他的榮光，正是父獨生子的榮光。」（一14）

這個聖經的主題怎樣成為今天一個原始的中心思想呢？這個創造的主題讓我們看到，這個世界乃是以那隱藏的非存在（nonexistence）為背景的。沒有任何事物是理所當然的，即使單純的存在也不例外。每個時刻都是一個過渡，而只會出現片時，即是從將來的「尚未」（not yet）流進，成為現在的瞬間，再隨即化為過往的「永不」（no longer）。在聖經語言的亮光中，上帝被人們經驗為一種可以從無中立時完成創造的權能。藉著了解那作為受造物的奧秘，聖經引導我們把這種疑問轉化為一份感恩，為著每天的生命而獻上感謝。當為到世界的存在而驚歎，以及當自我被轉化為一聲讚美與感謝之時；一次看似「微不足道」的境遇，也會成為生命中的一個重要印記。對於這種轉化的體會，令生命變得更富熱情。這種關乎創造的信念是十分根本的：所有人——兒童和成人、學生和教師——都能夠在這種信念之中尋著自己。從中引申出的一種消極意識就是，沒有人能夠自我創造，即或人們已多次宣稱了上帝已死，但是那種根本性的受造感依然存在著。對於當代的世俗人而言，對這種普遍存在的偶然性的直接體驗，以及對未知狀況心存依賴的直接體驗，也同樣是相當真實的。

2. 智慧

世界乃是由上帝的話語和智慧所創造的（約一1～5），人類的智慧根本無法明白這份神聖的智慧，但我們卻仍然可以藉著基督而得到對這份神聖的智慧的某種弔詭性理解，「所積蓄的一切智慧知識，都在祂裏面藏著」（西二3）。

那讓生命得以可能的秩序和理性決定著一切事物，即使其與事情背景的關係遠比事情發生的當前境況更為重要。舊約聖經的智慧假定了只要活出一個與上帝創造中那隱藏秩序相一致的生命，便能夠得著一個成功的人生。然而眾所周知的是，這種樂觀思想出現了一個危機：個人的無辜受苦使人無法相信在一切苦難當中有能夠讓人理解的意義可言；世界的意義（和智慧）是人類無法理解的（伯二十八章）。然而，這種意義卻很清晰地讓我們意會到，世界對人世間的幸福和苦難是那麼的漠不關心，叫我們經驗到那種令人絕望的荒謬感（傳道書）。根據這種因上帝彷彿在世界的秩序中不在場而出現的實踐智慧的危機，造成了一份對啟示智慧（revealed wisdom）的渴求，而只有少數由上帝所揀選的人才能得著這份智慧（《所羅門智訓》〔*Wisdom of Solomon*〕六至九章；《巴錄書》〔*Baruch*〕三章；《便西拉智訓》〔*Sirach*〕二十四章）：這種智慧逐漸變得人格化（personified）和具有自主性，即使這種智慧壓根兒只是上帝的某一面，就是上帝那關顧世界的全善的一面。在智慧的人格化形象之中，智慧甚至能夠成為天上之后而重現上帝那母性的一面，卻沒有危及一神論。她被等同於妥拉（Torah）。世界的隱藏秩序在她裏面被啟示出來，而這種隱藏秩序往往是不容易讓人明白的。

新約聖經並沒有把智慧等同於妥拉，而是將之等同於基督。這樣將兩者等同，使智慧與世界之間出現了一種更大的張力：智慧的使者們受差遣要到人們那裏去，卻被他們逼迫和殺害（路十一 49～51）。上帝的智慧在那些聰明通達的人面前隱藏起來，卻向那些天真和不成熟、疲憊和背負重擔的人啟示祂自己，儘管那些人壓根兒並不能接觸智慧（太十一 25～30；林前一 26～27）。從上而來的柔和智慧與從下而來的進取智慧互相矛盾（雅三 13～18）。每逢智慧遇到抵抗之處，祂都必須明確斷言自己的得勝：在宇宙之中，祂的亮光遭逢黑暗的抵抗（約一 1～5）；在歷史上，祂在基督中被拒絕，並且被這個世界的當權者釘死在十字架上（林前二 8）；在倫理上，祂遇到老舊人性的排拒。本應信靠世界背後仍存在的某個秩序，然而，上帝卻需要採用一條愚拙的途徑去戰勝世界（一 18～25），好顯出這種秩序的瓦解：「因上帝的愚拙總比人智慧，上帝的軟弱總比人強壯。」（一 25）

智慧主題的存在意義是很明顯的：它促使人們在實在中尋找一種和善而隱藏著的秩序。我們可以很單純地把它視為實在中一些既存的秩序結構，但也同樣可以懷著一份驚歎的心情去看待它，並被其激發去尋找另一個結構性的秩序——即使與一切的表象不符。當我們思想到自然科學的發展正在不斷地揭示自然界的秩序，以及對自然那種根據少數基本粒子和基礎動力而作出的解釋所顯示出來那種壓倒一切的「理性」(rationality)時，我們或會從中看到一較高級的理性(superior reason)的痕迹，相比之下，我們自身的理性也會顯得黯然失色。即使在對上帝所作的物理—神學性(physico-theological)論證失效之後，我們仍可經驗到這種壓倒一切的理性對我們自身理性的鼓勵。這個萬事萬物的整全系統造成了我們的存在，並在我們裏面發展出一種智力，使我們得以破解賦予在這個系統之內的智慧。當然，總有人可以對這一切無動於衷；然而，靠著聖經的智慧主題的亮光觀之，這一切也可以成為對意義的根本性肯定的基礎，以及成為隨之而來要去保存這種有意義秩序的責任的基礎。這個視象能夠團結我們，不論年少老幼：對大自然的隱藏智慧的探求，同時也伴隨著一個應許，就是照著這種智慧而活，總勝過那違反這種智慧的生活。不過，任何在受造世界中被視為「具有智慧」的事物，都可以在特定的社會環境中(在「世界」中)被當成「愚拙」。

3. 神蹟

每件在世界中發生的事情都可以成為神蹟事件，出乎一切意料之外。沒有甚麼是完全改變不了的。上帝與人、信心與禱告，都會造成奇迹般的轉變。神蹟也是一些指向其自身以外的記號(sign)。耶穌被賦予了這樣的神蹟權能。

神蹟是信仰那最為鍾愛的寵兒，但對不少人而言，它卻是一個私生子，是羞恥的根源。然而，一個肯定人生的信息卻也存在於神蹟之中：沒有甚麼是牢不可破，無法被神蹟權能所改變的。舊約聖經便見證著上帝所作過的偉大「神蹟和奇事」。上帝藉著其大能的作為帶領祂的子民離開埃及。然而，在舊約聖經中，人類也可以像上帝一樣行使神蹟，當中包括了摩西、以利亞和以利沙。

新約聖經充滿了這些滿有權能的神蹟施行者。耶穌與祂的門徒均從事著醫治病人的行動。那句慣用語句「你的信救了你」(可五34，十52；路十七19；等)，以及信心能夠移山等說法(可十一22～24；林前十三2)，皆記下了他們的信念，就是相信透過信心與禱告，一種神蹟權能便能在他們中間運行。在神蹟故事中，我們能夠感受到一種對各種苦難的強烈抗議。要質疑一個人有否獲得幫助的權利，倒不如對事情發展的正常期望提出質疑。神蹟幾乎全都是幫助和支援生命的，而處罰性神蹟卻是個例外。處罰性神蹟被施加在亞拿尼亞和撒非喇這等人身上，只因他們假裝提供毫無保留的援助(徒五1～11)；它或是象徵某種權能的轉移，就像那株枯萎了的無花果樹(可十一12～14、20～21)。第一代的基督徒都擁有非凡的權能，例如「醫治的恩賜」(林前十二28)，但是他們也同樣經驗到這些能力的限制：並不是每次都能成功趕鬼（可九 28～29）；保羅所受的病困，總是得不著根治（林後十二 9）；沒有神蹟將那被釘在十字架上的耶穌拯救下來（可十五 31～32）。

新約聖經也同時將神蹟視為解釋事件的記號。伯利恆上空的那顆星把耶穌的出生解釋為新統治者的誕生（太二 1～12）；地震把祂的死亡解釋為一次宇宙性劇變（二十七 52）；大災難標誌著祂的回歸（二十四 4～8）。這一切都是「從天上而來的記號」，但這卻為耶穌所親自否定（可八 11～12）。與此相反，祂把在地上所發生的神蹟解釋為上帝國的「記號」，這記號指向某些仍然隱藏著的事情。因此，耶穌明白到神蹟的某種象徵性解釋。對祂而言，當惡魔被驅走之時，就是上帝國和最終克勝邪惡的記號（太十二 28）。在符類福音中，個別的神蹟象徵性地代表著不同的意思：捕魚是宣教使命的一個象徵（路五 1～11）、瞎子得醫治是得啟蒙的一個象徵（可八 22～25）、海上刮起的狂風代表著不斷侵擾教會的風暴（太八 23～27）。沒有人會質疑在事件背後顯示著某個象徵性的第二重意思。在約翰福音中，所有神蹟基本上都是象徵性的，而這個象徵意義卻叫人對那些表面而即時的解釋提出質疑。一切神蹟都是救贖和啟示的意象：屬天智慧的餵養、信仰之光的顯露、此時此地一個新生命的出現。由於神蹟被如此象徵性地理解，所以它們與新約聖經中各種非常不同的主題都有所關連。作為世界中的一些弔詭事件，它們關乎上帝與基督的形象；作為屬靈恩賜（charismata），它們關乎對教會的理解；作為醫治，它們關乎當中的人類。藉著神蹟，世界被拉進那個救贖之工中細小的「救恩領地」（enclaves of salvation）。若只理解到事情的表面，這就是對神蹟的誤解。神蹟故事中這種強烈的象徵意義，把新約聖經的神蹟在同時代的其他奇迹中分別了出來。

同樣的，神蹟這個主題仍然根本性地存在於我們生活之中，它容讓我們從意料之外的觀點來觀察實在：沒有甚麼事情是一成不變而毫無驚喜可言的。要理解神蹟，並非在於要相信自然定律可以暫停運作，而是要明白神蹟主題與以下的應許結合在一起：從一開始便應許到，人類的渴求並沒有被否定。人們可以從禱告或呼喊中說出某個期望。即使在絕望的境況中，還是存在著突然轉好的盼望。畢竟，這樣的主題有其使人們團結起來的能力，表達出一份相信沒有人會被完全放棄的信念。即使到了最後的時刻，總是會柳暗花明。就算前景堪輿，也不會說出「誰也救活不了」這般的說話。沒有任何不治之症會使我們與他人隔離。處處都顯示出那份確信，就是相信即使在絕境之中，我們仍然是被上帝的能力所包圍。沒有宿命論，卻有生命的神蹟。

4. 疏離

一切生命都活於與上帝的隔離之中，因而永不能恰當地處理那個導致這種隔離出現和持續的實在。因著人生的罪惡與苦難、有限與死亡，以及黑暗勢力的干擾，我們與上帝分隔了，因而與我們自身存有(being)的本源疏離了。

一個很簡單的信念彌漫在整部聖經之中：上帝是聖潔、永恆和全能的，而有罪的人類卻要服膺在死亡之下，並且受到那些敵對上帝的勢力所威脅。這種矛盾需要作出解釋。這種矛盾與上帝創造人類時的本意形成一種對比。原始的歷史告訴我們罪是怎樣進入世界的。從出現分辨善惡的知識開始，罪便在亞伯被謀殺的事件中，提升為一種攻擊他人的仇恨情緒——最終在流血的復仇中達至其新高峯。上帝與人類之間的界限被不斷僭越，同樣地，人際之間的關係也遭受破壞。上帝的眾子生出了偉人(創六1～4)：在這裏，神明們僭越了那界限。接著人類要興建巴別塔：在這裏，他們也僭越了那界限。罪意味著失去了人類之間的團契關係和合作性團結。

當一神論萌芽之時，對罪的理解開始集中在一種原罪之上：叛逆而敬拜別的諸神。申命記學派歷史(deuteronomistic history；約書亞記、士師記、撒母耳記上下、列王紀上下)採用這種視角來建構以色列的歷史：罪與叛逆，接著的是懲罰和悔改。各個歷史時期的結局是好是壞，完全取決於人類自身。於此，某種歷史的責任感被著力地反覆灌輸，同時也培育著某種良知。相對於申命記學派歷史那種對責任的重視，學者們從妥拉中所辨別出來的祭司文獻（priestly source；譯按：或譯「祭司典」），卻肯定了上帝對以色列那個不會撤回的應許：對罪惡的救贖。在後被擄時期（postexilic period）中，獻祭主要是為了塗抹過犯和罪的結果。贖罪日就是當中的高潮所在，它完全抹去人們一切隱而未現的罪（利十六章）。

然而，不論是關乎責任的諄諄教導，還是透過獻祭而來的獻祭式贖罪，均未能解決那個問題。人們的倫理意識愈來愈高，卻令上帝與我們看似愈來愈「疏離」。約伯反對那種透過極高的罪惡意識去處理苦難問題的企圖。他堅稱自己無辜，而只有一位上帝——祂是「全然的他者」、無限至高者——所作出的啟示，才會令他安靜下來。歸根究底，到底「錯」的是約伯還是上帝，這始終是一個懸而未決的問題。我們只清楚的知道，凡人總不能挑戰上帝；不過，上帝也更加看重那些爭辯式的討論，過於看重那種理所當然地把不幸之事歸咎於人類罪性的做法。約伯記的敍述框架提出了第三個關乎罪惡的可能解釋：撒但成為了一位指控者。罪惡的出現被歸咎於某種魔性力量，而是與上帝和人類無關的。然而，這種可能性在這個框架內的討論中並沒有發揮作用。

在新約聖經之中，撒但成為在上帝與人類以外的第三股勢力、對世界的敵意的一個人格化標誌，以及一種敵對勢力。因此，這帶出了罪、撒但和上帝這三者都可能是萬惡的本源，正如以下所述：

1）在新約聖經之中，罪觀被徹底地突顯出來——從施洗約翰開始，他便呼籲所有人在上帝的震怒面前要悔改（太三7～12）；而保羅則認為人類的「肉體」基本上是與上帝為敵的（羅八7）。

2）人類受到惡魔和敵對勢力的威脅，這種威脅卻已被耶穌藉著驅魔的方式克服了（太十二28）。牠們雖然逃跑了，但是最終的勝利仍要等待復活之時才會出現。復活基督的高升使祂成為一切勢力和權能的主宰（羅八31～39）。

3）新約聖經同樣可以把上帝視為一位隱藏的上帝、萬惡的根源：窯匠的比喻給予上帝一份自由，祂可以撇棄任何一個人而毋須提出解釋（羅九19～24）。

在新約聖經的主要提綱中，我們發現在這三個因素之間存在著一種平衡，羅馬書把萬惡的責任歸咎於罪（羅一18～19，五12～14）、各種勢力（八31～39）和上帝（九19～24）——但卻時刻伴隨著一種領受，就是基督已經除去了罪，戰勝了各種勢力，並且止息了上帝的憤怒。

疏離是人生一個根本的主題，它向我們展示出，我們與人生本有的模樣相距有多遠——這也展示在我們與無比寶貴的實在的相遇中：上帝是那個促成一切美好事物的絕對力量。我們現代的思維模式較易於透過有限和苦難來理解與上帝的疏離，過於透過罪性和罪疚來達成這種理解。事實上，現代時期已見證著一種對那由聖經傳統所灌輸給人的罪惡觀的反抗——往往反對那種把罪與性行為互相關連的看法。儘管如此，比起那種拒絕顧及人性根本的瑕疵的樂觀思想，聖經所「提供」的罪觀還是更能道出我們的實在：我們所擁有的潛能愈大，我們便愈需看到我們因沒有能力去實現這些潛能而招致失敗——無論是個人的和整體的失敗。打個比喻：上帝與進化論都帶領我們走進這個細小行星的一塊應許之地，這取決於我們怎樣——實際上是會否——繼續生活在這個行星之上。聖經陳述了這種人類對歷史的責任，並且將當中人類未能達到要求的失敗也表明出來，而形成鮮明的對比——但卻同時記錄了那些失敗者生存下去的故事。對整體歷史而言為真的事情，同樣地對每一段個人生命故事而言也是真實的。這個世界上只有少部分人有機會按著個人的目標來模塑自己的生命。正是因著這個原因，我們的挫敗感才會愈見強烈，這乃是我們自身的弱點令自己遭受挫敗，而與任何外在的障礙無關。這個疏離的主題也有一個屬乎人類的面向：它使我們不致於自義。我們全都不符合自己本應有的模樣，也未能在上帝面前達至自己應有的模樣。人對個人不完美所產生的感覺，能夠把成年人與孩童連結起來。孩童特別會時常留意到自身的不完美，而成年人卻總是向他們宣講一種空洞的「完美」（perfection）。一種根本性的疏離感能夠伴隨我們的一生：所有人都遠離了他們本該有的真實模樣，因而遠離了上帝。

5. 盼望

歷史被灌注了某種對新世界的盼望，而這個新世界卻已經在現存的世界中展開。基督徒是一羣有兩重國度身分的公民：當肉體（*sarx*）把我們拘禁在舊世界裏的時候，我們卻藉著靈（*pneuma*）而已然活在那由耶穌所開創的新世界之中。

舊約聖經是一個不斷延伸的應許的歷史，即使對於罪惡的初次顯露，我們也能以這種應許的觀點理解之：該隱得到應許，承諾他將會制伏罪惡（創四 7）；而挪亞則得到不再會有洪水滅世的應許（九 15）。亞伯拉罕被應許將會得到土地和後裔（十二 1～3）。先知們引述過往上帝的那些救贖作為，並且應許這些救贖事件會在將來「重複出現」：一份新的契約、一次新的出埃及、一個新的心靈，或是一位新的大衛——甚至是新天新地。

天啟主義（apocalypticism）詳盡地闡述了這種對新世界的期待。新約聖經將這種對世界與人類的視象假定為一個終末性的過渡——在復活事件之前，這是一個對上帝國的迫切期待，而上帝國甚至在當下已然開展（可一 14～15）；在復活事件之後，它成為一個信念，認定新世界已經因著耶穌的復活而開始了。這種由舊世界過渡至新世界的概念以不同的方式遍布在整部新約聖經之中。

1） 對施洗約翰和耶穌而言，這種轉化的觀念乃是以對上帝國迫切期待的形式出現。他們的追隨者都站在新世界的門檻之上，而這個新世界即將誕生。這就是施洗約翰說到斧頭已經放在樹根之上時所要表達的意思。這種期待在早期基督教中不斷升溫（可十三章；啟示錄）——特別在那些危機之中，例如見諸於約翰的啟示錄之中的危機。耶穌本人能夠在其信息中整合施洗約翰那些挫敗的期望：約翰所預言的審判並未及時到來，它乃是上帝仁慈的記號，給予時間讓世人悔改（路十三 6～9）。

2） 早期基督教的「實現終末論」（realized eschatology）在十字架和復活事件後向前邁進了一步，它所根據的信念是基督徒已經跨越了新世界的門檻：他們已經出死入生（約五 24；約壹三 14）。從空間上而言，他們已經被送進一個斷然不同的存在領域（西一 13，三 1～4；弗二 1～7）。他們的一舉一動都有「新生的樣式」（羅六 4），甚至現在活像一個「新造的人」（加六 15；林後五 17；西三 10；弗四 24），已經從死亡中復活過來（弗五 14）。然而，他們仍然受著舊世界與新世界這兩股勢力的影響：基督徒是這兩個世界的公民，掙扎在作為舊世界權勢的**肉體**，與作為新世界生命力的靈之間。（羅八 5～11）。

3）救恩歷史是表達早期基督教這種過渡意識的第三條可能途徑，它出現在第三代初期信徒之中，那時他們正在對迫切的期待與「實現終末論」進行反思。在耶穌身上，救恩已然臨近。在耶穌之前是一段期待的日子，在其後的卻是一段實踐使命的時刻。耶穌的時代就是整個圓滿時刻的中心。整個圓滿時刻分為三部分，它由施洗約翰首先引進，並且在教會的時代中得到延續。路加的兩部著作在描述這個圓滿的故事時，乃是以耶穌為時代的中心。這種把時間分成不同時段的做法，強調救恩的一個核心時刻。

在這一切概念之中，出現一種對萬事萬物那根本性轉化的盼望，左右著對宇宙和人類的願景。正如整個世界需要被更新一樣，人類也是如此：上帝能夠叫人有「新生的樣式」（羅六 4）和重生（約三 5；多三 5）。這個宇宙與人類更新的平衡狀況可以被稱為「參與式終末論」（participatory eschatology）。個人生命參與在世界整體的更新之中。但是這種個人更新是如此的重要，以致其本身便可以被視為一個基本的主題：回轉。

然而，在轉而談論那個主題之前，先讓我們稍微論及盼望這個作為根本主題的主題。因著信仰在人類發展中的失效，盼望彷彿已經失去蹤影；然而，不論在宗教的世界或是在世俗的世界裏，在每個對將來日子感到失望的境況中，盼望卻仍然繼續存在。儘管那種尋求更好世界的烏托邦式盼望已然失敗，但是我們卻仍會繼續描繪大自然及人際之間的和平景象，一個令所有人都得享同等的食物、保障及教育的世界。即使我們或會對將來是否會愈發公義和更加自由表示懷疑，甚至對之冷嘲熱諷，我們也不會向子女灌輸這種消極的想法，像是有某些東西警告我們不要奪去年輕一代那種進入更好將來的機會。世間始終還存在著某種根本的盼望，是絕不容遭受壓抑的。

6. 回轉

人類享有作出徹底轉變的可能性。正如世界必須有所改變才能反映上帝的旨意一樣，個人的生命也需如此，才能夠藉著與基督同釘十字架而與祂一同展開新生命。

聖經中出現了一個觀念，就是每個人都能徹底地重整自己的生命，並重新開始。他們能夠離棄上帝，也能夠回到祂身旁。這種改變的可能性，乃是關乎一神論的發展。假如要在獨一上帝與其他神明之間作出選擇的話，轉向上帝便意味著背離許多其他的神明。與此相反，古代的多神論卻容許人敬拜額外的神祇。在正確和錯誤的敬拜之間的這種選擇，乃是由以色列人引介進來的。正是這種非此即彼的選擇導致基本性回轉這個觀念的出現。只有在古代哲學之中，我們才能找到某個相關的類比：當中所關注的，乃是一個人在真相與錯謬之間所作出的抉擇，以及這個人的生命從錯謬返回正途的基本改變。

先知們要求整個民族都得回轉（悔改）。在前被擄時代的先知中，悔改與回轉的機會往往被看為只不過是一些錯過了的機遇。在每一次上帝施行責罰之後，阿摩司都重複著那段疊歌：「你們仍不歸向我。」（摩四 6～11）何西阿埋怨說：「他們所行的使他們不能歸向上帝。」（何五 4；參賽九 12）耶利米把以色列比喻為一個離棄丈夫而跟從了別人的婦人一樣，她不可能再回到自己的丈夫身邊（耶三 1；參申二十四 4）。

然而，怎樣才能讓這種回轉得以發生呢？只有在外在和內在都出現了極大的轉化之後，這種回轉才會出現。外在的轉化乃在於上帝的懲罰。在災禍過後，那些倖存的餘民便回轉過來。因此，以賽亞便因而給他的兒子施亞雅述取名為「一個歸回的餘民」（A remnant returns；賽七 3；參賽十 20～27；結三十三 10～16；番三 12～13；亞八 1～8）。內在的轉化在於藉著上帝而得以更新。那些懺悔詩經常為著這種更新而禱告：「上帝啊，求祢為我造清潔的心，使我裏面重新有正直的靈。不要丟棄我，使我離開你的面；不要從我收回你的聖靈。求你使我仍得救恩之樂，賜我樂意的靈扶持我」（詩五十一 10～12）。被擄期間與後被擄時期的先知們宣稱這份內在的轉化乃是一次將來的事件：「我也要賜給你們一個新心，將新靈放在你們裏面，又從你們的肉體中除掉石心，賜給你們肉心。我必將我的靈放在你們裏面，使你們順從我的律例，謹守遵行我的典章。」(結三十六 26～27；參結十一 19～20，十八 31；耶二十四 7)

在新約聖經中，那種被視為歸回上帝之中的回轉，卻有著絕然不同的意義：外邦基督徒並非回歸獨一的上帝，而是初次轉向上帝，如此便離棄了他們從前所重視的每一件事情。在舊約聖經中，對外邦人來到耶和華聖殿前和錫安山上敬拜上帝的期望，乃是對外邦人這種回轉的預示(賽二 2 及下，四十五 18 及下，六十 1 及下；亞八 20 及下，九 6 及下)。當耶穌表達那份關於他們將會湧進天國的期望時，祂乃是立於這種傳統之中(太八 11～12)。基督徒絕不是被動地等待這種回轉的出現，彷彿在等候某種神蹟奇事一樣，而是要成為活躍的宣教士，接觸天下萬族，贏得他們的歸信。基督徒用上了豐富多姿的形象來描述這種回轉：蒙召(林前一 2)、蒙了光照(來六 4)、權力轉移(羅六 13 及下)、重價買來的(林前六 20)、重生(約三 1 及下)。這一切形象都強調舊生命與新生命之間的斷絕，因為這意味著外邦基督徒一種徹底的轉化，這轉化就如從死裏復生的轉化一樣強烈。回轉表示與基督同死同活(羅六 1 及下)。首先對洗禮作出這種解釋的人乃是保羅這位外邦人的使徒，這並不是出於偶然的，因為他要求其外邦基督徒羣體徹徹底底地離棄他們過往的生活。

回轉的動機不應該是對審判的恐懼，而應在乎一份屬天的喜樂。這種觀點在路加的浪子比喻中尤為明顯：「一個罪人悔改，在天上也要這樣為他歡喜，較比為九十九個不用悔改的義人歡喜更大。」(路十五 7) 普天下都當分享這份喜樂。浪子比喻的關鍵在於那個大兒子 (及讀者) 會否公然分享這份喜悅。每個人是否只能有一次這樣的回轉，乃是一個備受爭論的議題。希伯來書的作者始終認為，當一個人回轉之後，再次悔改及返回都是不可能的，但他的觀點只是少數人持守的立場 (來六 4 及下，十 26 及下)。馬太所記述對羣眾的講論中，那些叫人悔改的勸告的對象已包括基督徒在內 (太十八 3、12 及下)。啟示錄中的書信則呼籲那些業已建立的教會回轉 (啟三 5、16、21 等)。甘願悔改回轉乃是一生之事；這種悔改並不局限在某個特定的時刻之中。

悔改回轉這個主題乃是其中一個最能影響生命的積極力量。即使你屢次失敗，卻仍然可以重新開始！人們不致永遠受著自己的過犯所束縛，不致墮進深淵之中而注定沒有被挽回的一天。他們可以悔改。他們可以經歷重生。他們縱然遭受挫折，也可再次站起來。德國詩人歌德 (Johann Wolfgang von Goethe)——他不是一個基督徒——把這個主題描述為一種持續一生的力量：「你若不渴求這種死亡與重生／你將會成為黑暗大地上一個鬱悶的過客。」生命能夠在其過程中被更新——這個基本的信念，乃是基督教信仰中一個主要的確信。那些內心日趨成熟的人們深深地相信他們會時時刻刻地重生又重生，對生命有著跟別人不一樣的期望。然而，他們也會以不再一樣的目光去看待自己的鄰舍，視他們為一羣能夠悔改的人。時刻得著重過新生的機會，讓人得到一個嶄新的生命視角，這對於孩童和年輕人而言尤為真實。在此，我們能夠把這種改過自新的根本機會賦予給所有的人，就如我們聲稱自己有這種機會一樣。

7. 出埃及

不是只有個別的人，才會被上帝的呼召所轉化，整個羣體也會如此——以亞伯拉罕遷離自己的本族父家，和以色列人逃離埃及這片外邦之地為起始，及至那個由耶穌的跟隨者所組成，為要進入一個新世界的新約社羣的出現。在聖經中，更新能影響整個民族。我們不斷重複地遇上這個觀念：一個民族離開某個世界去開墾一片新的疆土，並且在那裏建立一種新的社羣生活。離開以及另類社羣生活的藍圖——通常是與「舊世界」截然不同的——組成了聖經傳統中的出埃及這個主題。

亞伯拉罕是第一個離開自己家鄉的人。他曾被應許會成為一個大國，子孫世代繁衍，還會得著一片土地。在進入那片新土地時，他並沒有作出任何軍事佔領，事實上，他總是小心翼翼地避免衝突。那裏的新生活並沒有受到甚麼嚴重的外來威脅，反倒是內裏出了問題：兄弟與親屬之間的衝突。雅各和以掃之間的衝突危及了這個應許。約瑟那個中篇故事體現了兄弟之間的衝突，並顯示到只有饒恕才能夠締造出一個社羣。

出埃及事件的敍述為以色列民族的起源提供了一個與族長敍述故事完全不同的解釋：人們逃離了一個壓迫性的政權，在埃及的戰車面前逃跑，並且以武力奪取土地。在曠野中，他們面對著上帝的旨意；十誡給以色列人界定了如何維持那份因著脱離「埃及」——即是脱離奴隸處境——而得自由的條件。除了外來的威嚇之外，他們現在也面臨著背叛上帝的威脅：金牛犢的故事（出三十二章），以及人們對摩西的埋怨（十六～十七章；民十一章）。

那些被擄的人從巴比倫歸回，並且把猶大國建立為一個以聖殿為中心的國家，這是聖經中第三個重大的出埃及故事。第二以賽亞宣稱，這次歸回乃是一次新的出埃及事件（賽三十九 3 及下）。那些歸回的人是有史以來首批希望把宗教信仰作為整個國家政治實體的基礎的人。他們把自己的傳統編為法典，成為上帝的律法，這律法獨立於任何國家政權之外。雖然獨一上帝這類排他的主張現在首次具有律法上的約束力，但是猶太人卻仍然默許五經中那些不同的生活方式：渴求一個民族國家的復興，而且確信這個民族國家早已在聖殿崇拜的歷史時期中達到了它的高峯。

一個神聖的共同政體出現了，視自己為一個有別於周遭世界的另類世界。

新約社羣在這種傳統中把自己理解為一個出埃及的羣體。跟隨著舊約聖經出埃及事件的楷模（林前十 1 及下），這個社羣摒棄了現存的社會，而展開一段穿越歷史的旅程（來三 7 及下，十一 1 及下）。他們有著一種體現不一樣的世界的感覺，那些屬於這個羣體的人都是一羣被這個世界看不起的人（林前一 26 及下），乃是一羣陌生人與寄居的異鄉客（彼前一 1 及下）。然而，他們卻像一些政治羣體一樣，組成了一個被召出來的社羣（*ekklesia*）、一個共同的「身體」、一個民族，但是當中卻採取一些與周遭世界不一樣的規則。

在現代世界中，出埃及這個主題仍然推動著人們去摒棄傳統的生活方式，從而探索一些嶄新的另類模式——即使越過社會的規限。二十世紀早期的青年運動就是其中一個這類型的出埃及運動。一九六〇年代的改革運動仍然有很強烈的背離意識。誠然，當今天的年輕人發現幾乎大部分事情都被容許的時候，他們那種對於權威的反動便再無法引來多大的共鳴了。當再沒有人知道要從甚麼東西得著釋放，或是為了甚麼需要爭取釋放的時候，那股尋求解放的動力便告日漸式微了。然而，這個主題是不受時間限制的，人們因著欠缺這種先驅運動的經歷而顯得相對的貧乏。在每個時代之中，都存在著某種需要繼續前進的根本意識，這種意識促使處身現在的我們可以領會和構想一個新世界的各種特徵。

8. 代替

所有生命都是緊緊地糾纏在一起的，一個生命能夠取代另一個生命。某人所遭遇的事情也會對其他人造成影響，或是為他們帶來好處；每件事情均為他人所間接感受。動物祭牲見證著那種強迫性地以犧牲別人為代價的生存方式，但是基督卻展示了另一種生存之道：為他人而活。

代替（vicarious）是一個影響著整體生命的架構，一個人所遭遇的事情能夠相類似地發生在所有人身上。這類代替形式見諸許多人類事務之中，並不單在於代替性的犧牲。然而，在這種犧牲之中，藉著象徵性的禮儀，這種人類生命的基本架構被賦予一個具體的表達形式。透過借代（synecdoche）——把某個單一實體用作某些更大事物的一種簡單表述——祭牲成為了那些把它獻上的人的代替品，或是等同於他們整個人，或是等同於他們的財產。無論如何，祭牲的血都代表著生命，因而在禮儀中會被灑在祭壇上以獻回給上帝。聖經也獨立地利用這種獻祭制度的概念：上帝的僕人代替許多人的罪過而受苦（賽五十三章）。

代替的情形見諸四野。作為人類始祖的亞當，他代表著整個人類。所有人都是按著他的形象而被塑造出來的，因此，他的罪也影響了全人類。按著這個類比而作出相反的推論，那麼，基督便是新人類的「始祖」(羅五 12 及下)。因此，祂代表了人類終有一天所當有的樣式。作為以色列人祖先的亞伯拉罕，也同樣是外邦人的祖先。他既被算為義，所有人都會同樣被算為義(羅四 1 及下)，他並會成為萬國的祝福(加三 6 及下)——條件是他們都是一羣藉著信而歸為亞伯拉罕的「子孫」。他是一位具代表性的祖先。

特使(emissary)是代表這個主題的第二個變異形式。「人看見我，就是看見那差我來的。」(約十二 45)這個主題同樣能應用在門徒身上——「聽從你們的就是聽從我」(路十 16)；以及應用在孩童身上——凡是接待他們的，就是接待耶穌；凡是接待耶穌的，就是接待差派祂前來的那一位(可九 37)。第三個變異形式是為著他人的福祉而作出的行動：為他人代禱(羅一 8)、為他人施洗(林前十五 29)、為他人背負重擔(加六 2)。

為他人犧牲的觀念具體地落實在豐富的代替關係之中。「一人既替眾人死，眾人就都死了」(林後五 14)。藉著上帝的復活大能，他們如今成為了一個「新造的人」(五 17)。除了這種「包容性」的代表形式外，我們在新約聖經中也找到了一種「排他性」的代表形式：基督成為了一個贖罪祭(羅八 3)和咒詛(加三 13～14)，這是我們無法承當的。同樣地，保羅能夠說到那在他身上所發動的死亡，能夠讓整個羣體都可以得著生命(林後四 12)；不過，他也同樣說及這個生命是在他的身上顯明出來的（四 11），好保留他與哥林多人之間的類比關係。有關基督的代替性角色的陳述也大同小異：根據保羅的說法，這不是單純地由祂的死亡帶來救贖，而是藉著復活而克勝了祂的死亡。基督「被交給人，是為我們的過犯；復活，是為叫我們稱義」（羅四 25；參羅五 10，六 1 及下，八 34）。凡是相信基督的人都會與祂一同受死和復活。

代替這個主題把我們與他人，並與一切受造物彼此聯繫。每一種活物都包含著某種與我們相關的基因密碼，內藏著與我們一樣的生存意志。因此，其他受造物的受苦往往也是一種代替性的受苦——不然，其他生命便無法存在。代替形式的觀念認清了這個事實。在人類之中，這是一個具壓迫性的問題。一切生命的存活都是以犧牲他人為代價的。人類為著生存而互相鬥爭。代替的觀念把這種叫人沮喪的事實放在我們眼前，並且讓一種逆轉得以發生：人們同樣可以正面地為他人而活，幫助他人背負生命的重擔，而不是把自己的擔子放在他人的肩頭上。我們於此發現了一些真正根本的事情，孩童與年輕人也能擁有這份代替的經驗。在一些重要的時刻中，他們必須讓其他人成為他們的代表。他們得著不同的經驗，全在於他們把這樣的代替行動看為是對他們有益的，還是認為這種行動壓制了他們真正的自我。父母讓孩童們照顧他們的倉鼠有其恰當的理由：孩童們必須代為保護他們寵物的生命。向他人負責任就是一種代替的角色。相比我們這些成年人而言，孩童們更能對此有深入的體會，因為那些寵物與他們息息相關。我們所有人都有一種彼此依存的根本意識。

9. 神聖內住

上帝到來，住進這個真實而可讓人感知的世界之中，祂藉著靈而臨在於人類中間、藉著道成肉身而臨在於基督身上、藉著聖禮而臨在於崇拜之中。教會是上帝住在其中的「居所」，是讓人可以看得見的「身體」。上帝在基督身上的道成肉身向我們徹底地保證了上帝與人類的同在——即使在罪惡與受苦的境況中。

舊約聖經講及上帝的內住——尤其是上帝的靈或智慧內住在那些被揀選的個人裏面（《所羅門智訓》七章 27 節），以及上帝的名字居住在聖殿之中。上帝居於以色列中間；有一天，全地都會被上帝的榮耀所充滿（詩七十二 19）。

這些觀念在新約聖經中有所發展——最初是用來指向基督的：上帝與人類同住，成為**道**取了**肉體**的一次獨特的臨在方式（約一 14；參西二 9）。基督取代了聖殿（約二 18 及下），祂體現了上帝在世界之中的臨在。

當談及基督徒時，情況也大抵相似：他們的身體就是上帝差派而來的聖靈所居住的殿（林前六 19），他們是「基督的肢體」（六 15）。基督徒羣體是上帝的居所和殿宇（三 16），也是「基督的身體」（十二 12 及下；羅十二 3 及下）。

在古代，身體這個形象一般都是用來指向政治羣體的，而早期基督教卻把它重新神話化，將之聯繫於復活主在其羣體中的奧祕臨在。因此，基督徒羣體也同樣在這個世界之中具體地彰顯了上帝的臨在。

最後，內住這個主題包含了人對基督在聖禮中臨在的信仰——無論這是被理解為一種透過記念的臨在、上主在邀請我們與祂一同用餐中其位格性的臨在、在羣體中的一種社會性臨在，還是基督真真正正地臨在於聖餐的餅與酒之中（約六 51 及下）。從那些講及上帝或基督出現「內住」的經文土壤中，發展出一些相互的表達形式，以致出現「在基督裏」這等奧祕的話語。基督徒是在基督裏的（羅八 1），與此同時，基督也在他們裏面（八 10）。在約翰福音中，基督與上帝來住進那些相信祂的人中間。基督與上帝乃是在他們裏面，凡相信的人都是在基督裏面的（約十四 20 及下）。在約翰一書四章 16 節中，我們甚至發現一段指向上帝「奧祕」的經文：「上帝就是愛；住在愛裏面的，就是住在上帝裏面，上帝也住在他裏面。」

內住這個主題說及上帝臨在於生命之中，並且藉著祂的臨在而使生命得以聖化。即使到了今天，這仍是一種根本性的體驗。世界能夠承擔某種「聖禮的」特質，從而成為上帝的慈愛一個顯而易見的標誌。一些具體的事物如餅與酒、個別的人，以及信徒羣體等等，都成為上帝臨在的場所。內住這個主題強化了我們周圍及內裏的有形實在。

不過，這同時也給乞丐和那些遭受排斥的人賦予尊嚴：他們是至高者的弟兄，祂親自藏身在他們之中。內住這個主題在道成肉身的觀念中，得到最突出的象徵性描述：上帝親自進入一個具體的人之中，這是一個有著高低起跌、受苦與死亡的整全生命。孩童們能輕易地不單把實在經驗為主體性的形象，更能把它經驗為一個真實現象，伴隨著客體實在的增值。那份使我們體驗到世界感官實在以外的經驗的能力，滲透在所有生命之中而成為一種根本性的深層體驗——帶著一份時刻存在的深度，對實在擁有一份更為強烈的體驗。

10. 信

藉著作為一個全然信靠的舉動的信，上帝和救恩得以向我們啟示，藉此我們把自己的生命建基在某些我們自身以外的事情之上。在一切上帝用以言說的事物當中，那個核心人物便是拿撒勒人耶穌。

我們在舊約聖經中所認識到的信的觀念，最初乃見於人們對某句說話或某個人的信任之中（箴十四15，二十六25；創四十五26）。這種信的回應直接指向亞伯拉罕傳統（創十五6）和以賽亞書（七9，二十八16）中的上帝。

在那建基於猶太傳統的新約聖經中，這份信轉化成一份對上帝與基督的根本性信靠，在關乎信心的說話與外在事件之間存在著一種顯著的相互關係。新約聖經提到信的到來與基督的到來（加三 23；可二 17）、信的得勝與基督的得勝（約壹五 4；約十六 33）、信的全能與上帝的全能（可九 23，十 27）。在新約聖經中，信成為了內在的「審判」，即使仍然存在著那外在的上帝審判（約三 18，五 29）。信所算為義的與上帝所算為義的方法如出一轍。這一切都不獨是一份速寫：在上帝外在的救贖行動中，及在救贖主的這個人物中，信確保了其個人的中心位置。因著上帝多樣化的行動，與此相關的言論也有所變化。

在相信獨一創造上帝的觀念底下，信很少與創造拉上關係（雅二 19；來十一 3）。有時，它會類似於忍耐，就是在漫長的歷史路途上的那份忠貞和堅忍（來十一 4 及下）。更多時候，它乃是透過禱告和神蹟中的信而表現出來的那份對歷久不衰的神聖權能的信靠（可二 5，十一 22～23；雅一 6，五 15）。畢竟，這份信是對那位使我們得稱為義及救贖我們的耶穌基督的認信（可一 14～15；羅十 9；及其他）。因此，它關乎對上帝的信仰、基督論及倫理學。

信這個主題可說是內住主題的相反。在內住中，那位超越的上帝滲透在世上的實在之中；在信中，人類越過了他們的有限實在，以至能夠進入神聖實在的範圍，在他們自身以外尋找一個穩固的基礎，「信就是所望之事的實底，是未見之事的確據」（來十一 1）。

信這個主題是一種肯定生命的存在主義式動力，是一股靠著某些我們無法掌控之物而活著的勇氣。這種信靠可比擬為對一個人的信任，當中總會涉及冒險的成分。當我們信任某個人之前，總無法得到百分百的保證。我們與整個實在系統的關係也是如此。在此我們遇到了一些相當簡單的事情：每個人在其生命中都會依賴著某種根本的信任。當這份信任被破壞時，便會有一襲陰影將生命籠罩。幸而，在大多數的情況下，小孩子與其最親密的人物之間的關係都能夠得到增長和發展。

11. 愛（神聖的愛）

愛讓人與上帝及與他人建立一種正面的關係。愛使每個人都成為我們的鄰舍——不論是藉著尋找失喪者、歡迎陌生者，或是愛仇敵。基督是這種生命的典型：祂的自我犧牲就是對上帝的「仇敵」的愛。

當信只能夠由人類向上帝和基督發出，而無法如此的套用在人際關係上，上帝、基督與人類三者卻能夠藉著愛而彼此連繫，活在一個彼此相關的架構中。愛鄰舍的歷史始於舊約聖經，「聖潔法典」（Holiness Code；利十九 18）中提及要愛自己的仇敵，並且反對施行報復。「聖潔法典」還提到必須向弱者提供援助；34 節更將此伸延至對異族僑居者的愛。由此看來，這個初次出現的愛鄰舍形式包括了愛仇敵、愛弱者和愛外人。申命記繼續以愛來解釋我們與上帝之間的關係——借用一個描述政治忠誠的述語：家臣向他們的主子效忠。於此，其應用範圍更從個人延伸至整個國家（申六 5）。

在耶穌之前，猶太教在一些訓導（即是關乎倫理指引）叢書中（《十二族長遺訓》〔*Testaments of the Twelve Patriarchs*〕：《以薩迦遺訓》〔*Testament of Issachar*〕五章 2 節；《西布倫遺訓》〔*Testament of Zebulun*〕五章 1 節；及其他）都包含了愛的律法中那兩項基本元素（愛上帝和愛鄰舍），但是只有符類福音的傳統，才以一句愛上帝和愛鄰舍的命令來與之和應——明確地同時強調兩者，並給予兩者同等的重要性。我們於此得到了一個超越傳統限制，並且具特色的延伸，其核心可以返回耶穌身上：使愛鄰舍變得更為徹底，並且延伸為愛仇敵（太五 43 及下）、愛外人（路十 25 及下），和愛罪人（路七 36 及下）。然而，耶穌卻從沒有單純地用言語來說及上帝的愛，祂只將愛理解為一個人類行動。

保羅也有說及上帝的愛和人類的愛，然而他並沒有把人類的愛建基在對上帝的愛的解釋之中，與此相反，他把愛絕對化為一首讚歌，作為一股出現在基督徒羣體中的位格化權能（林前十三）。對於保羅而言，愛與人類的本能慾望格格不入：愛是聖靈初結的果子，與出自「肉體」的作為恰恰相反（加五 13～26）。愛也跟來自政權的壓制力量彼此衝突，因為後者必須堅持作出報復行動，而這卻是愛所竭力避免的（羅十二 19 及下，十三 1 及下）。愛甚至與一些宗教上的神授能力（charisms）與恩賜（gifts；編按：

或譯「禮物」)——「知識」、說預言，和說方言(說別國的話或狂喜出神的演講；林前八1及下，十三1及下)等等——存在著緊張關係。愛是至高無上的恩賜，沒有了它，一切都是微不足道的。

首先把上帝的愛與人類的愛這兩個傳統併合起來，並且明確地使兩者互相依存的，乃是約翰福音：正如上帝和耶穌深愛著那些門徒一樣，因此，門徒之間也當彼此相愛(約十三34～35，十五9及下)。這份愛僅出現在這個羣體的內在生命之中，然而卻也對周遭世界發揮了巨大的影響力：因著他們的愛，其他人便能認出他們的門徒身分。這份愛遠遠超過一道倫理命令；它與神聖的實在相符。在約翰的文獻中，我們甚至發現上帝被定義為愛(約壹四16)。因著愛的中心性位置，並其作為一個救贖實在和一道倫理命令的新身分，最終約翰福音中的耶穌把愛的律法(無視利未記十九章18節)引介為一條「新的命令」(約十三34～35)。實際上，真正新的乃是愛的中心性。愛成為了基督教最主要的誡命。

愛的主題把這股信與信靠的力量，導向我們的鄰舍中——不單是那些與我們早已建立了親密關係的鄰舍，也是一羣與我們有所分別或疏離的人，甚或是我們的仇敵。每張人類面孔都可以作為一個敵人來到我們面前，但是每個敵人也能夠被轉化為一個同伴。每張面孔都可以在我們面前成為一齣徹頭徹尾的悲劇，挑戰著我們去轉化這種悲慘的境遇。這種同伴關係的意識是根本性的。

12. 地位逆轉

上帝把在下的升高，把在上的降低，又叫在前的變成在後，並且要求我們隨時準備放棄自己的地位。從那些甘願拋卻本有地位的人，到那些自甘受辱的人（在禁慾主義和殉道中），他們都散發出某種轉化力量——這種轉化力量在基督身上尤為強烈：那位被定罪的審判者、那位被犧牲的祭司、那位成為了奴僕，並且在十字架上奠定新生命根基的宇宙主宰。

這種基本性的主題早已出現在舊約聖經之中，用以解釋上帝在歷史中的作為。在撒母耳記上二章6至7節中，哈拿欣喜地說：「耶和華使人死，也使人活，使人下陰間，也使人往上升。祂使人貧窮，也使人富足，使人卑微，也使人高貴。」

在新約聖經中，馬利亞在她的《尊主頌》中表達了這種對上帝行動的觀點：「他叫有權柄的失位，叫卑賤的升高」（路一52）。馬利亞本身就是這樣的一個例子，儘管她出身「卑賤」，卻成為了彌賽亞的母親。彌賽亞在低下階層中的出生，表達了這種在地位上的基本性轉變。同樣的主題出現在新約聖經對耶穌的描繪中，雖然祂本有上帝的形象，卻自甘卑微，甚至死在十字架上，最終被上帝升為至高（腓二6及下）。

它也同樣出現在一些倫理教訓之中，成為要人們謙卑、捨棄現有地位的要求，或是警告人們不要驕傲的一種警誡（彼前五5）。要成為基督徒羣體中的偉大人物，必須隨時準備作大眾的僕人，這與在俗世行使權威的做法截然不同（可十42及下）。耶穌本人便以身作則。在約翰福音的記述中，當耶穌替門徒洗腳時，作為上主的祂卻取了奴僕的角色，作為老師的祂卻取了學生的角色，作為男性的祂卻取了女性的角色（約十三1及下）。我們甚或可以把整部福音書視為地位逆轉這個主題的一次具體表達：本該由天使來服事祂，如今祂卻以犧牲自己的生命來服事每一個人（可一13，十45）。

最後，我們在終末論中也遇到這個主題，我們期待在最後的審判中，那些在後的將會在前，而那些在前的將會在後（可十31）。殉道也能夠被理解為一種地位逆轉的另類形式：耶穌預言了雅各和約翰的殉道（十35及下）。因此，在前的確實會變成在後的！

這個地位逆轉的主題在倫理上具有相當重要的價值，其重要性僅次於愛鄰舍。在一個階級社會中，隨時準備放下自己的地位，並且在對待別人時不理會他們的地位，如此才能為我們帶來基本上平等的階層制度。在較早時期，這個主題被稱為謙卑——就是指那些地位崇高的人甘願服事他人。然而，「謙卑」這個詞語卻經常被誤用為對低下階層人士的訓導。畢竟，謙卑是強者的一種美德，它破除了一切階級與地位的考量。所謂謙卑，意思是必須一視同仁，不管其他人的地位如何 —— 高高在上的，還是下等卑微的。對孩童來說，他們很自然地期望大人物會變為小腳色，而小腳色又會變成大人物。每次大人物與小腳色的相遇，都要求那些大人物俯就那些小腳色的程度，並且藉著尊重來提升他們。在這樣及其他不少的處境中，都有著一種對地位階層的根本性克服。

13. 審判

人類被帶到上帝的審判座前，為他們的所作所為提出答辯。上帝以倫理標準為基礎，按著他們的作為施行審判。耶穌本人便是當中的審判官和標準。

上帝的審判與祂的王權密切相關：正如國王給予那些只有極少（如有的話）法律權利的人討回公道一樣，上帝也是如此般作為「審判全地的主」（創十八 25）。從時間的第一刻開始，歷史便是一個關乎背信棄義、上帝懲罰和重施慈愛的故事。先知書把這種歷史的法學觀點深深地植根在以色列人的意識之中。而天啟主義卻把上帝的審判延伸至普天下：不單包括地上的君王，還包括天上的眾軍（賽二十四 21），甚至亡者也被牽涉其中（但十二 2）。

新約聖經把這種宇宙性審判的觀念置於人類學角度上發展：保羅把那些律法所要求的東西形容為那早已刻在心版之上的事，並且是作為內心過程中的一道良知呼聲，在其中最後審判投射出一種預示（羅二 12 及下）。審判的觀念也與業已到來的救贖有所關連：在基督裏，上帝以肉身譴責了罪惡，以致基督徒能夠在聖靈裏滿足上帝的要求（八 3～4）；他們便不再被定罪了（八 1）。

然而，如今這種上帝審判的內在化卻未能充分描述新約聖經中那個審判主題的獨特性質。其中的重點乃是在於審判與救贖之間的張力。在新約聖經中，上帝既是一位予以定罪的審判官，也是一位願意人人得救的大能者（提前二 4）。這份張力在新約聖經中引起了三個審判觀念的變化：

1） 在符類福音的傳統中，審判帶來了一種弔詭式的逆轉：在前的將會在後（太二十 16）；得著機會的是那些失喪的罪人。
2） 後保羅書信（The Deutero-Pauline epistles；就是指那些由其他人撰寫，卻假託保羅名義的書信）透過一種普世救贖的傾向，把上帝的審判相對化。這樣做的目的是要使萬物在基督裏得以復和（弗一 10）。於此，上帝的嚴厲審判並沒有地位可言，以弗所書把它貶抑了。
3） 約翰福音把上帝的審判內在化，它就在當下那個相信與否的抉擇之中發生（約三 17，十二 47）。耶穌並無審判任何人，只是人們透過自己的不信而定自己的罪（十二 47）。即使這一連串思想從沒有按發展而得出它的邏輯性結論，但我們也可以確切地說，在上帝審判中對罪人的赦免，已消除了報應性公義的倫理合理性，縱然它與法律處境仍然有所關連。

審判這個主題使得所有活物都要向上帝負責，我們就像時刻站在一位審判官面前，由他對我們的思想、說話和行為予以審判。我們的文化抗拒這種對生命的「裁決」。然而，在我們眼前出現的卻是我們的超我（superegos）所作出的無情審判，而非那位較諸世人的良知更能向「祂手所作的工」顯出憐憫之情的創造主所作出的審判。同樣地，每個在健康環境中成長的人都有一種對良知的根本性體驗。

14. 稱義

存有的合法性與生命本身的存在，同樣令人感到深不可測。我們所體驗的是一種從無中創造，這與我們「體驗」自己的肉身存在如出一轍。我們沒有把自己創造出來。稱義的基礎是上帝在基督裏的一次新的創造行動。

稱義這個主題可以被理解為審判這個概念的某個層面，但卻也超乎了審判的意念。在稱義中，我們遇上了作為創造主的上帝，祂能夠令生命重新開始；作為君王的上帝，祂能夠在世上建立神聖的公義和正義；作為祭司的上帝，祂能夠獻上一個代贖性的祭。但最重要的是，我們遇上了一位愛的上帝，祂毫無條件地接納了我們，即使我們是如此的不配。這個主題並不局限於稱義的概念性思考。

稱義早在遠古的時候便已出現，因為「耶和華見人在地上罪惡很大，終日所思想的盡都是惡」，便後悔自己曾經創造了人類（創六 5～6）。上帝毀滅一切，只拯救挪亞一家。然而在洪水之後，上帝卻採用了同一個理由去肯定大地和人類的存在與生命：「我不再因人的緣故咒詛地（人從小時心裏懷著惡念）」（創八 21）。亞伯拉罕為所多瑪求情（創十八 16 及下），這顯示了上帝會因著少部分義人的緣故而撤銷祂的懲罰。但是在所多瑪，義人的數目還不到十個！這些本當受詛咒卻逆轉為領受不配得的恩典的例子，在聖經中比比皆是。何西阿為他的同胞不肯悔改回轉上帝而哀歎。他們遭受毀滅的威嚇，就如押瑪和洗扁這兩座城市一樣，遭逢所多瑪的同一命運。但是恰恰相反，這次是上帝後悔了，祂轉向自己的子民：「我回心轉意，我的憐愛大大發動。我必不發猛烈的怒氣，也不再毀滅以法蓮。因我是上帝，並非世人」（何十一 8～9）。上帝是惟一的義者，因著祂自己的緣故，祂把盛怒轉化為恩慈。

我們在約翰和耶穌的信息中也經驗到這樣的逆轉。施洗約翰宣告即將臨到的審判。不過，這審判卻沒有出現，反倒是耶穌的來到，並且宣告上帝的救恩。

保羅領受了這個聖經信息的核心，並且在稱義信息中對之作進一步的闡釋。按理，我們全都伏在上帝的震怒之下，因為我們所有人都離棄了上帝（羅一 18 及下）。然而，因著拿撒勒人耶穌這個人的緣故，這份「震怒」被轉化為一份人們不配領受的「義」(羅三21及下)。保羅思想背後的公義和正義概念，並非那種賞善罰惡的中立的正義，而是那種幫助貧窮人和弱者——甚至靠在罪人那一邊——的偏袒性正義。這種義不單只是義：它是一份愛與復和；它並非單純地制定某種新的法律架構，而是建立一種新的個人關係。在羅馬書五章開始，便循著這些路線發展出稱義的信息，並且在八章31節以後達到了高峯：「〔一切〕都不能叫我們與上帝的愛隔絕」。這段經文的語境仍然是法律性的，但是這份愛卻使它不再成為一次審訊。當中並沒有主控者：「誰能控告上帝所揀選的人呢？有上帝稱他們為義了。」(羅八33)也再沒有任何審判官在其中：「誰能定他們的罪呢？有基督耶穌已經死了，而且從死裏復活，現今在上帝的右邊，也替我們祈求。」(羅八34)留下來的只有一位維護者，救恩的基礎不單在於祂的死亡，也在於祂對死亡的克勝。震怒轉變為稱義、仇恨轉變為復和，都是因基督事件將死亡轉化為生命所造成的。保羅宣稱上帝這份無條件的仁慈乃是遍及每一個人，甚至包括那些否認獨一上帝的外邦人，也包括一切仍然敵視上帝的人。最終，就如從無中創造出萬物一樣，這份愛並不建基在任何條件之上。亞伯拉罕相信上帝的義，就是相信「那叫死人復活、使無變為有的上帝」(羅四17)。

稱義的主題聖化了生命中的不可毀滅性。儘管人類的失敗和缺點屢見不鮮，但人類的生存權利卻始終不能被奪去，即使有人相信在某些處境中（戰爭、死刑、墮胎、幹細胞研究）可以剝奪部分人的生命。事實上，在處於兩項皆為善的事情相衝突的情況下，我們總難免會招致過失。然而，我們感受到這份衝突，只因在我們內裏存在著某種對生命的根本性肯定，即使這份肯定不過是上帝對生命無條件肯定的一絲微弱的回聲。

三　以基督為核心的讀經

在剛才我所討論的兩個基本信念和十四個基本主題中，我們找到了聖經的「精意/聖靈」。所有主題都是關乎基督的，任何一個主題也不會只在某個單一的聖經主題中出現：它們全都有分組成聖經中不同種類的內容。它們雖則較為形式化（formal），但也同樣較那些傳統基督教教義神學的主題更為基本。我們曾經描述過聖經象徵語言的「文法」，儘管這種對規則與規律性的概述，並不如語言文法般清晰。然而，這些主題與信念卻足以攫取聖經的精意/聖靈。我相信藉著這些精意/聖靈，我們便能夠通過歷史而掌握到聖經的身分。此外，這一切聖經主題都是/或能夠成為人類生命的根本主題：受造意識、大自然那隱藏智慧中的喜樂、對神蹟的體驗、疏離的感覺、盼望、逆轉人生的機會、隨時動身出發的準備、彼此之間的團結、深邃的經歷、基本的信靠、人性、身分地位的獨立性、良知、對生命的肯定。聖經的主題與生命的存在主題相符，並為這些實存主題提供了一個解釋的框架。它們全都關乎一個終極實在。它們既是信仰的主題，也是生命的主題。任何把它們內化起來的人，都會轉而得著一種推動力，要在聖經中尋找它們的蹤影。在此，聖經展示了一種可以自我補足的推動力。

這些基本主題（還可添加更多）旨在給兩項任務提供援助。首先，它們幫助我們理解不同的個別聖經經文。它們闡明了釋經與解釋的目的。毫無疑問地，我們斷不能機械化地應用這些主題：每段我們所要處理的經文都當讓我們能夠接受自己「根本的」清單或會有所擴充的可能。其次，這些基本主題能夠協助我們鑑定「聖經的精意／聖靈」有否在所揀選的主題和經文中，讓人得知其具代表性的部分。它們本身並不足以完成任何一件任務。作為一個分析個別經文的資源，它們必須與實際的經文閱讀互相配搭。讓我以一個例子來說明我所要表達的意思。

我在上面所討論過的那些基本主題，提供了一種分析某些特定經文的工具，讓人得以鑑定甚麼在經文中是最重要的。讓我們以創造故事（創一～三章）為例，當中出現了大量的基本聖經主題。**創造**的主題尤為突出：「起初，上帝創造天地。」希伯來文中的創造（*bara'*）一字，只會以上帝為主語的形式出現。「天地」包含了一切的受造物。接著的子句卻給整段說話作出了少許的修訂：「地是空虛混沌，淵面黑暗」(創一 2)。在天地以外，是否還有一種稱為空虛混沌的東西存在呢？在其背後潛藏著某種原初的神話觀念，就是上帝需要與這種空虛混沌彼此交戰，好叫世界得以存在。然而，這段經文卻與其他神話恰恰相反，上帝並無參與任何戰爭，只是單憑祂的説話來創造世界。

創造涉及**分隔**(separation)，上帝分開了光與暗、天與地、植物與動物、男人和女人。這一切分隔是依次地發生的，從無機物質開始，直至人類為止。這個世界結構井然，有秩序，有層次。**智慧**的主題模塑了那些創造日子的秩序，每次經文提到「上帝看著是好的」(創一 9、25、31)，這份肯定就是要在讀者或聽眾身上尋找共鳴。這個世界本是井井有條和美好的：它不是一片混沌，而是一個為生命而鋪設的場景。

第二個創造故事(創二 5 及下)把焦點放在人類世界之上。在創造男人和女人的過程中，神聖的愛(*agapē*)這個主題以其根本的形式出現：亞當在其他一切受造物中間尋找伴侶，但卻徒勞無功，只有出自其肋骨的女人才堪與他匹配：「這是我骨中的骨，肉中的肉」(二 23)。因此，他對她充滿了渴望，並且與她成為了一體。當他要離開父母之時(與敘事者所處身的族長環境中的習慣恰恰相反)，這份難以駕馭的性渴望是樸素的。這份渴望超出性愛的範疇。在與每一個我們視為親屬、骨中之骨和肉中之肉的人的相處中，我們所有人都可以經驗得到這個喜樂的源頭。

這第一對人類配偶得著一個果園，以進行耕種，但他們卻被禁止觸及兩棵樹上的果實：生命樹和分別善惡樹。這裏隱伏著一個弔詭：每個對任何命令有所了解的人，都應該至少知道怎樣分別善惡。然而，我們希望弄清為甚麼會有這樣的禁令存在，惟一的方法便是藉著違反這道命令，並親嘗由此造成的惡果。「墮落」是**疏離**這主題的一種敘事式實現。我們這等人類分享著上帝那些對善與惡的知識，卻並不是分享生命本身。我們與上帝非常相像，以致能夠藉著自己的善惡知識去感受到相關的事物，因而更能深深體會到我們那有限和短暫的生命與上帝之間的距離。當中的具體意思是，倘若我們生活在一個受保護的果園之中，而沒有任何處世經驗，即使需要開墾這片園地，我們還是毋須弄得汗流浹背才得以餬口。嚴格來說，這不算是勞動，只是這樣的勞苦卻標示著我們與上帝的距離。假如我們長生不死，便毋須培育下一代了。生兒育女的工作提醒著我們與上帝的距離，以及生命的虧損。

在創造故事那些豐富卻不容易理解的經文中，有很多東西有待我們去發掘，但是我們在此的目的只是要展示，如何在經文中鑑定那些源自經文本身、具吸引力或激勵性的面向——主要不是為了針對當前問題而提出一些可能的應用。我們必須記住，正如學習英語文法不能夠取代閱讀莎士比亞（William Shakespeare）的作品一樣，同樣地，分析聖經中的一些基本主題也不能夠取代閱讀聖經中那生動多變的經文。基本主題的重要性，就是在聖經傳統那各種可能的廣泛解釋和延伸中，鑑定出甚麼才是最重要的東西。

至於第二個用以鑑定聖經材料中的基本主題的例子，我們選用了新約聖經中葡萄園雇工的比喻（太二十1～16）。從早晨到黃昏，園主聘用了四批工人到葡萄園中工作。他承諾會給首批工人一個羅馬錢幣，又承諾給第二批工人他所「當給的」，至於最後那兩批工人卻沒有得到任何清楚的承諾。然而到了最後，他卻打從最後受聘的雇工開始，給予每個工人同等的工錢。這舉動招致首批工人的反抗，他們正確地指出，他們的工作時間較其他人長，堅持認為自己受到了同酬不同工的不公平待遇。在園主所作出的回應中，他首先訴諸自己的自由——「我的東西難道不可隨我的意思用嗎？」（在古代世界中，隨己意而行是表達自由的一種常見模式）；其次，他訴諸自己的慷慨——「因為我作好人，你就紅了眼嗎？」

這個比喻表達了兩種獎賞觀念的衝突：第一種乃是基於公平分配的原則，獎賞應與實際的表現成正比；第二種乃是基於慷慨的原則，獎賞應與實際的需要成正比（一個羅馬錢幣等同一天的工資）。這些都是躍然於經文當中的根本結構。在這些原則背後存在著一個基本的聖經主題——「愛」，這種愛延及那些較為不配的人。對於現代世界中的我們而言，這個比喻自然地讓我們回想起那些失業與基本的生活工資的經驗——在此，我們同樣發現那種按表現而給予的獎賞，與按需要而作出普遍性支援之間的張力。在這個意義上，由這段經文所引導出來的根本經驗是很明顯的。對年輕一代而言，我們可以說當中存在著兩個階段的道德發展：**傳統階段**（conventional stage），即認為凡事按照常規就必然是好的；至於**後傳統階段**（postconventional stage），則是為著善的目的而跳出嚴格恪守規則的框框。即使那個葡萄園的主人是上帝的代表，但他的舉動也是建基於某些倫理準則。在聖經研究的處境下，這個比喻可以被用來提倡由道德判斷中的傳統階段，過渡至更高階層的自由階段：上帝在至高階層上自由地行事，超越了傳統的觀念。

這一切都是明顯不過的。然而，仁慈與公義之間的張力，以及按表現與按需要而給予獎賞的張力，不單可以被置於道德（和宗教）發展的不同階段中，也可以被置於不同的社會子系統（subsystems）中，當中人們的這種相異之處存在於孩童階段的經驗裏面。在家庭的處境中，不計較各成員之間的能力與表現的差異而給予同等獎勵的做法，幾乎是必然的，所有成員都會各取所需，而與他們的實際表現無關。家庭中的領袖暗地裏成為一位父親，他不會按照經濟環境中的方式行事，而是按照家庭環境中的方式行事，父母親總是不偏不袒地愛著自己的兒女——表現欠佳不等於會有較少的食物。在這種情況下，我們不會找到一種從次等道德操守進至高等道德操守的發展，而是一種在兩個場景之間的矛盾。當中的神學性結論是：上帝不會像個雇主那樣對待祂的子民，而是活像一位父親——上帝可以自由地如此作。

在細讀每段經文之外，我想提倡的那種研經方法，乃是關乎一種通盤了解整部聖經的嘗試。聖經是一個由書卷與經文所組成的迷宮，但是假如我們知道焦點該放在何處——文學形式和神學主題——我們也能從中整理出某種秩序。因此，我們採納了這些主題作為定焦的準則。

四　形式與主題

聖經研究應當包括從聖經中選取一些最重要的代表性類型與文體，以及內存於聖經中一些不同時期的典型經文和主題：這些經文代表著早期歷史、族長時期、曠野流徙時期、士師時期、王國時期，諸如此類。那些最為重要的書卷（例如創世記、以賽亞書、約伯記、詩篇、符類福音書、約翰福音，以及主要的保羅書信）都應以典型的經文為代表。

一如以往，形式鑑別學獲得了特別的關注。形式鑑別學在其中所涉及的，不單只是列舉個別形式的完整清單。在一系列聖經所採用的主要形式中，我們發現了某種邏輯，我們可以簡略地將之勾劃出來。在聖經中的敘事體、神話、家世傳奇、中篇故事、歷史敘述、生命歷程、趣聞佚事和人物傳記等，都不是簡單地以並排或合併的形式出現，而是有著某種發展脈絡，把歷史定為一個上帝與人之間決定性地相遇的場景——藉著新約聖經中拿撒勒人耶穌的歷史而最終實現了這個場景。整體歷史構成了上帝與祂的子民（全人類的代表）參與對話的框架。

在這樣的歷史當中，我們可以觀察到有愈來愈多的形式聚焦在同一個人物身上。五經被稱為摩西之書。然而，這些書卷的焦點不是放在摩西身上，而是放在以色列人身上。沒有哪一卷歷史書會單單處理某一個皇帝，但是後續的繼承敘事（Succession Narrative）卻是兩個皇帝——掃羅與大衛——的故事。宮廷歷史展示了由大衛王至所羅門王的過渡。每卷先知書都以某個先知的名字命名，然而對先知的生平卻只有零星的記述；當中的焦點乃是放在他們的說話之上。只有在新約聖經中，我們才發現一種聚焦在某個單一人物的生與死的文體：福音書中拿撒勒人耶穌的故事。這種集中在某個人物一生的文體，對猶太教而言是格格不入的（斐羅〔Philo〕的《摩西生平》〔*Life of Moses*〕是個例外），但這在外邦人的世界中卻是十分普遍的。在聖經中，這種獨特的形式清晰地標誌著上帝與人類之間一段冗長對話的高峯。早期基督教信仰的第二個核心信念，集中在救贖主身上，因而以聖經形式的語言被記述下來。

還可再說一些關於這個故事的「形式鑑別的」特點。

從上帝那一邊來看，對話是以命令和應許的方式被提出來的。命令以兩種形式出現：在妥拉中的一般性誡命，以及先知書中所傳遞的獨特信息。聖經的誡命又以三份偉大的法律文獻表達出來：聖約法典（Covenant Code）、申命記和聖潔法典，它們全都強調十誡：那十條不經摩西作為中介而直接頒布給以色列民的誡命。至於其他所有的誡命（就是上述所提及的一切律例典章）都是由摩西所傳遞的，其中我們可以重申聖潔法典中的社會性誡命，包括愛鄰舍（利十九 18）。我們於此所處理的是一般性的誡命，它們全都鑲嵌在由出埃及的主題所模塑的框架中。第一誡命（The First Commandment）明確地指向出埃及這次事件：「我是耶和華——你的上帝，曾將你從埃及地為奴之家領出來。」（出二十 2）因此，一切上帝的命令都被賦予歷史動因，它們是通向未知將來的路標，當中只有一點是清楚的：不要走回昔日那條作奴隸和依附他人的舊路。所有誡命都是為了帶來解放。

另一方面，先知書針對著獨特的處境而提出一些具體的信息。在被擄以前的先知書中——阿摩司書、何西阿書、耶利米書——都附帶著對災難的警告；而在後期的先知書中，卻有愈來愈多關乎救贖的應許，其中最重要的是第二以賽亞的描述。於此，上帝的命令被放置在審判與盼望這兩個主題所模塑出來的框架中。誡命與預言以對話的形式出現而更趨戲劇化：上帝藉著祂的神聖話語，在命令和應許的雙重結構中工作。

人類的回應在若干文體中得到表達，這些回應同樣以不同的形式出現：詩歌以多元化的形式表達哀傷與讚美。我們於此看到舊約聖經中那些忠信之人的心靈——他們的絕望、他們的安慰、他們的盼望和確信。到了今天，他們這些語言中的強烈情感依然是那麼扣人心弦，即使我們知道已有好幾代人竭力地試圖把它們剔除，把其痕迹留在哀傷與喜樂的傳統表現手法中。疏離這主題滲透在哀傷的詩歌中，表達著人類的絕望；信這個主題則表達在信靠與確信的信仰表白中。

在智慧主題的亮光中，我們發現到對上帝與人類之間的鴻溝也有不同的處理方式。智慧提出了問題和反省、勸誡和警句；它靠賴著對背後秩序的確信而得以存活，而這種秩序是任何成功的個人都必須遵守的。在智慧文學中，上帝與人類之間的爭辯漸漸變為個人與個人之間的爭辯。在兩種文體中，這種人際間的對話是構形成分。智慧文學所提出來的問題，乃是由約伯與他朋友之間的對話來作出探討的，我們於此看到了人際之間的辯論，這是舊約聖經中一種獨有的文體。在新約書信中，人與人之間以一種非常不同的方式進行溝通。在這兩種文體中，把關乎上帝公義的反思推向了極限。約伯堅稱自己是無辜的；而保羅（在羅馬書中）則強調人類的普遍罪惡。在這兩個例子中，其中的出路都是掌握在上帝的手中。約伯承認罪惡與補償之間的關係是難以理解的；保羅則宣稱罪惡與補償之間的關係已因著普世罪人的稱義而已經被一筆勾銷。

貫穿整部聖經，每種文體都是被置於上帝與人類的對話之中。聖經並沒有包含一種以隱藏計劃的方式來逐步引向目標的「救恩歷史」（salvific history），但卻包含著一種對未來的發展仍然保持開放的對話式歷史。每一種聖經文體均以一個新的著重點來延續這種對話。形式鑑別學的方法開啟了我們關於這種對話的眼界，它成為一種極具效用的技巧，成功為「聖經材料」製造一個典範性的歸納，那就是只要閱讀某種文體的一個例子，便足以明白所有類似經文的基本文學結構。然而，在發掘聖經中那些根本性的東西時，我們並不能把自己規限在基本的文學結構之中。對典範性經文的探索不能夠滿足於將之單單作為另一個聖經形式鑑別學的大綱；當我們這樣作的時候，一方面或會產生一組形式鑑別學上的具代表性經文，另一方面這也應當提供一些能夠展示聖經核心信念與基本主題的經文。這些信念和主題或可按著時序而被鋪陳，而這種時序既可以是內在於聖經中的時期，也可以是由那些細緻嚴謹的學者所劃定出來的階段。聖經那象徵性語言的規則，在那些屬於不同文體與時期的經文中被反映出來，在那裏，象徵性語言的深層文法亦將會被辨認出來。

值得一提的是，聖經本身愈來愈重視人際之間的對話。在舊約聖經的晚期，聖經的文學著作開始公開地與周遭文化進行對話，當中明顯例子出現在簡短的約拿書、約伯記，以及其他的智慧文學中。這種對話必須與時更新。除了探求聖經的「根本內容」之外，我們還必須探求有關對話的聖經資源。

4
聖經與多元世界的對話

聖經中的哪些面向能夠促成多元世界中的對話呢？假若要找出聖經中的根本元素，會讓我們要把聖經的內容化約為三數句基本陳述的話，那麼，探索聖經對人類間對話的貢獻時，便會讓我們注意到當中的多樣性（diversity）。我們首先觀察到的是，聖經包含了許多書卷和陳述：普世性的創造故事及對人類早期歷史的說明，伴隨著對佔領迦南地的民族主義的說明；對和平的族長時期的敘述，伴隨著那充滿好戰色彩的士師書卷；詩篇中對仇敵的咒詛，伴隨著登山寶訓中愛仇敵的教導；雅歌的情慾氛圍，伴隨著保羅的禁慾思想；傳道書的消極態度，伴隨著早期箴言智慧的樂觀主義。

於此，有人或會認為整部聖經乃是就著同一信息而作出多樣化的表達，這是為了迎合當前的處境，而不同的處境要求不同的回應，但這種（適度的）協調進路是行不通的。在聖經中，每種聲音都總會引來另一種反對的聲音：約拿書反對民族主義式的先知論調、傳道書的悲觀思想抨擊傳統的智慧觀念、耶穌在登山寶訓中的「然而我告訴你們」修正了西奈山上的啟示、馬太福音批評馬可福音把耶穌描述為一位謹守教規的猶太人。聖經中存在著一些內在的對話，至今仍然在不同的宗派和思想學派中對之進行解釋，其內在的相異讓基督教的多樣性得到合理化；而其統一性則使當中的合一對話得到合理化。

與其他宗教的對話也是始於聖經的——這不單是一種與其他「次等」宗教處於敵對關係的論戰，也是一種尋找共同根源的探究：難道耶和華不也是米甸人的上帝嗎（出十八章）？難道耶和華不也是約伯——烏斯地一位敬虔的外邦人——的上帝嗎（伯一 1）？難道尼尼微城的居民沒有聽到上帝的聲音嗎？難道上帝不也揀選塞魯士這位波斯國王成為祂的「彌賽亞」嗎（賽四十四 4～四十五 8）？聖經的上帝就是全人類的上帝（羅一 18 及下，三 29）。宗教之間的對話乃是始於聖經的！

這甚至可以應用在與生命的俗世解釋的對話中。聖經世界的確對那種否定上帝的論調一無所知，但我們卻可以從中找到一種實際上對上帝能力的行使的否定，這便是那些邪惡者與愚頑人心裏那番說話的意思：「沒有上帝。」（詩十 4，十四 1）《所羅門智訓》抨擊那些不敬虔的人，他們的立場讓我們想到了傳道書（《所羅門智訓》一章 16 節至二章24節)。他們說:「我們原是偶然而生,過後我們又好像未曾生存過。」(《所羅門智訓》二章2節;譯按:取自《思高聖經》)這是一種潛在的無神論世界觀的基本論點,即使沒有對此詳加說明。

在現代世界中,我們必須將聖經中這些內部對話持續下去。聖經不再是我們的文化所賴以建立共識的**那本**惟一的書籍。各式各樣的次文化,對它有著非常不同的接納程度。它與其他傳統彼此競爭。長久以來,年輕的一代都要進入一個沒有其他選擇的世界。年輕人面對著那種對生命的非宗教詮釋,也面對著基督教以外的宗教,以及基督教中的不同宗派。在這樣的境況中,聖經的相關性必須被展現為一種與世俗社會的對話、不同信仰之間的對話,以及不同認信背景與宗派之間的對話。一種有質素的聖經研究絕不能抽離處境而進行這些對話。這類研究必須明確表示,參與是極有意義的,因為如此公開的對話實在能夠讓聖經得到充分理解。

一 聖經與當代世俗文化的對話

世俗化加劇了宗教的內部矛盾。宗教本該包攬一切,但卻被某些領域排除在外(例如經濟)。然而,它們卻仍然在起著作用。世俗機構採納了一些他們自身所無法製造的條件,最終他們甚至會破壞這些條件。舉例來說,經濟活動乃是依存於契約的神聖性,以及一種履行契約的意願，這兩者都是極其重要的。只要大部分人都安分守己，詐騙便能帶來短期的利益。經濟罪犯利用他們所顛覆的道德規範。人們能拒絕做某些事，乃是因為別人願意去完成這些事。這種情況與政治很類似。民主國家所依賴的合法性是不能夠自我給定的。對每個個人所賦予的一種認可，並不能由立法諭令所建立。同樣，在政治上，權力的濫用，是依附在其他人的文明之上——他們不欲為了取得權位而犧牲一切。能夠接受這種矛盾，意味著能夠接受有時「惡人」較諸「義人」更為亨通的事實，正如詩篇七十三篇所作的控訴。儘管如此，那種仍然相信公義與謙讓還是較好的信念，要求個人遵從那些超越實用主義的規範，並要求他們作為「義人」而實踐公義，縱然他們本身也並不完美（帶著一種充分的幽默感，好接受自己及他人的這種不完美）。由於這種生活方式所憑藉的，乃是對一些絕對和無規限事物的接納，所以我們可以說，這乃是建基於一種「宗教性」。若缺乏這種信念，日常世界便會開始崩坍。假如服膺真理只是為了當中的回報，那麼，對真理的委身便會瞬間消散。倘若助人的理據只在於期望得到別人的回饋，那麼，助人便會變得不可理喻。如果我們只有在沒有甚麼壞影響的情況下才表現寬容，那麼，這種寬容便會隨即消逝。在一個公開地表示希望生命（與教育）能夠反映道德價值，但卻暗地裏經常否定這種期望的世俗社會中，宗教仍然擔當著一個重要的角色：它指出這些矛盾之所在，並且加強那種對它們的內在抗禦力。因此，在一個經濟主導的社會中，宗教的「功能性」就是要對把生命化約為經濟的這種情況予以批判，而指出這是「功能失調」的（dysfunctional）：當中所欠缺的，乃是在上帝與瑪門之間的那種顛覆性選擇（太六24）；那麼，瑪門的「專政」便是不能夠被容忍的。然而，沒有任何宗教能夠將自身建基於其功能，但只能建基於其意義。因此，在接續下來的討論中，我不會處理一種無功能的宗教其弔詭性功能（paradoxical function），而只會處理它那份解釋生命的力量。

聖經把一切都關聯於上帝這個先存的意義源頭，人們並以自己生命予以回應。所有基本主題都是一些關聯於上帝那隱藏實在的適應性結構（adaptive structures），並且讓我們得以與這隱藏實在有所接觸。基督教信仰的核心信念——相信一位創造主和救贖主，與俗世的世界觀確有天壤之別。俗世人文主義認為，人類自身給這個無意義的世界燃點了意義之火。然而，宗教人文主義卻曉得這點意義之火乃是從某處傳遞給我們，並且在我們內裏燃點起來的。對於宗教人文主義而言，給世界及人生賦予意義，乃是延續一個賦予給我們的主題，在其中，我們在自己的整個生命中活出不同的角色。因此，對於一個宗教人士來說，整個生命就是對上帝的一個回應，祂乃是一個並非由人類所創建那先存的意義源頭。一個人必須在這種信仰，或是相信世界的意義乃是由人類所賦予之間，作出選擇，而這種選擇並無任何根據可依。當然（相對於許多輕率的神學異議），若我們的眼睛並未適應從太陽發出的炫目光芒，我們便無法看見太陽。人類的生命也有不少指向上帝（作為實在背後一個先存的意義源頭）的記號。然而，同樣真實的是，太陽必須與眼睛作出調配，才能為我們所看見。若然沒有了太陽藉著本身光線所作的「自我揭示」，儘管我們的雙眼已對陽光完全適應，我們還是不會看見太陽！太陽會有被遮蔽的時候；今天，上帝也有被隱藏的時刻。然而，對甚麼是談論上帝沒有一點理解，便不可能閱讀聖經。即使上帝沉默不言（而人類的思想也只是環繞上帝的四周，正如智慧文學一樣），神性卻依然存在。所以，我們再三地面對著那個至關重要的問題：向那些世俗的當代人解釋這種關乎上帝的談論，卻不需要使他們歸信，這是否可能？

1. 信仰上帝與世俗的經驗

在俗世的世界觀中，是否有一些與聖經信仰的原初前提相一致的觀念？答案並不如許多人所想像的那麼困難：當上帝不是萬物背後的奧祕時，祂的位置便會被本質（*per se*）或「存有」所取代。在我們的日常生活及我們那些最為微妙的理論當中，我們所能觸及的乃是那向我們顯現的實在，而非實在本身（reality itself）；這是無可否認的。然而，我們的意識或智性所認為是真實的東西，對其自身而言卻不一定是真實的。因此，一個俗世的世界觀也可以談論「終極實在」。在處理這實在的過程中，這類世界觀一而再地引發出某些態度和行為模式，而其表達形式是類似於宗教的。我會引述兩個例子加以說明，一個來自哲學，一個來自文學。

不少現代哲學家都把「存有」視為一個揭示及隱藏其自身的實體。在海德格（Martin Heidegger）的哲學中，存有（Being）發出了一個喚醒我們的呼召，把我們從自己那非本真的生命（inauthentic lives）的昏睡狀態中拉回來。這存有利用我們作為其「監護人」或「牧者」，以致我們的生活就是一個受命進行的職事，而這任命並非由我們所自行製造的。當我們繼而聽見那種「對存有的崇敬聲音」，以及對存有的一種在期望中的「獻身」（devotion；即默觀地「念及存有」）時，毫無疑問的是，其中「存有」乃是佔據著某種類宗教（quasi-religious）地位，即使這種存有的哲學並沒有涉及任何羣體，也找不到任何禮儀或強制的生活方式的表達。不少神學論述都把上帝等同於「存有本身」，這確認了我們的觀察：我們正在處理的，乃是聚合性的思路。

第二個例子是來自詩作的。按照里爾克（Rainer Maria Rilke）的世界觀，他可以被稱為一個帶著反基督教傾向的一元論者。[1] 當然，對里爾克的情況來說，這樣的分類方式實在過於簡單，因為他深信其詩歌將會把世界轉化為一個宗教性的故鄉，並且會像希臘神話中奧費斯（Orpheus）所創作的詩歌一樣，使大自然領域也為之著迷。不少人曾經以基督教傳統的框架去解讀他所撰寫的詩章，雖然當中不乏成果，但卻也充滿誤解。我想起其中一個宗教導師怎樣以深刻的個人情感來引述以下這首載於里爾克的《時刻之書》（*Book of Hours*）中的詩章：

我過的日子，就像在事物上兜著
愈來愈大的圈子。
也許我無法兜完最後一圈，
但我總得試試。

我繞著上帝，繞著遠古的高塔
已兜上萬年之久；
但我卻仍不知道：我是一隻雄鷹、一陣暴風，
還是一首偉大的歌。

只有來到這首詩歌的結尾部分，我們才聽到詩人自己的聲音，他的歌不單回應著上帝，也將生命給予祂。在另一首載於《時刻之書》的詩歌中，他把上帝的形象描繪為一座興建中的大教堂：「我們全都是匠人：要麼是學徒、師傅，或大師／是我們建造你這巍峨的教堂……」這些工匠正在建造上帝。這首詩歌以這樣的句子作結：「黃昏時刻，晦暗

最終將你淹沒：/惟有你分明的輪廓漸漸滲透我的內心。/主啊，你深遠廣大。」難道這一切都不過是一些宗教的門面裝飾？只是詩人自身變容後的再現？或是我們聽到了一份遠古的神祕信仰之聲？在此，難道我們看不到一種藉著創造性文字而表達的信仰，為著美學的緣故而捨棄了宗教嗎？

在我們的整個文化中，我們都可以找到這些宗教經驗的暗示。它們可以在世俗化的理論框架中被檢視，在其中，它們乃是一種對於那個正在消逝的世界所發出的回聲。然而，它們也可以被視為對世俗情感的一些刺激物，拒絕接受世俗的自我概念，並且成為對實在的回憶。無論如何，它們都是某些學者所謂的「文字的痕迹」(traces of word)，對於一種開放而屬乎公眾的聖經閱讀而言，它們都有著相當重要的意義。

我相信，這種指出那些挑戰、刺激和破碎我們俗世世界觀的經驗的做法，乃是合理的。這些經驗同樣出現在聖經之中，而在其中，這些經驗被理解為對上帝的體驗。它們可以被描述為：(1)超越性的經驗(experience of transcendence)、(2)偶然性的經驗(experience of contingency)，以及(3)共鳴性的經驗(experience of resonance)；不少人都有過這類經驗，但卻沒有將之與上帝扯上關係。首先，這些經驗必須按著三個超越的範疇——**絕對**、**永恆**、**責任**——來進行模塑和詮釋。(為了讓我們建立經驗而實踐的那些認知行為，我們稱之為「超越性的」〔transcendental〕；它們是一些讓經驗得以出現的內在條件。與此相反，某些事情若是超越我們的思想與經驗，那便是算為「超驗的」〔transcendent〕了。）聖經包含了一些生動的形象，幫助我們描述這些範疇。「**絕對者**」（The absolute）顯明在西奈山上所頒授的明文律法中（出二十1及下）；「**永恆者**」（The eternal）彰顯在詩人所禱求的那位上帝中，這位上帝遠在諸山未曾生出、地與世界也未曾造成之時便已存在（詩九十篇）。人類的**責任**被描繪為那位通曉世人一切所作所為的終末審判者所羅列的一份帳單（羅二6～11）。當然，這些經驗和範疇並未受限於聖經的語言，人們可以以不同的語言描述終極實在。然而，無論是哲學的或宗教的、基督教的或非基督教的，倘若沒有了一種現存的語言傳統將之表述，它們便會逐漸消逝。聖經提供了一種經歷時間考驗的語言，使這些經驗和範疇得以被模塑。

但現在，我實在清楚明白，這種對那三個基本的宗教經驗賦予這麼大的重要性的做法是如何的不尋常。要為這些宗教經驗的正當性辯護，實在需要一套詳盡的宗教理論，而以下的論述只不過是一個大綱而已。

第一，超越性的經驗。我們明白到，我們現正所活在其中的日常世界，乃是一個更大的整體的一部分，我們的「世界」並不是實在本身，這不過是我們所建構及解釋出來的一個現象世界，這世界並依賴著我們的感官與頭腦。我們清楚的知道；它取決於我們既在接收也在製造。我們藉著自己知識工具來製造我們的實在，就這方面而言，我們可能是錯誤的；而就著我們被動地接收實在而言，我們卻仍然與它保持接觸。按著我們的哲學，我們可以增加或減少那些製造性元素。而不論是哪一種情況，實在本身都在規避著我們。在這一點上，我們得到了超越性的經驗，即使到了今天仍是如此。在我們嘗試努力理解實在的過程中，我們遇上某些我們無法掌握的事情，我們可以稱之為「上帝」或「實在本身」。這個終極實在的超越特徵是始終如一的。

當然，我們大可以認為表象與實在之間的分別實在微不足道。由於我們可以透過科技來有效地運用這個現象世界，我們可以把實在本身視為一個黑色盒子，其行為完全按照我們的計算結果而行，儘管我們並不曉得其內裏乾坤。由於我們永不可能將自己的意念與理論與這個實在進行比較——這樣做的話，我們便得從自己的意識踏出來——我們甚至無法認清到底自己的前設和建構是否真的正確無誤。由於表象與實在之間的分別對於我們的日常生活和科技來說，是那麼的無關重要，我們便可以將之擱在一旁，轉向那些我們確實知道及真正能做到的事情！這種態度本身是十分一致的。然而，只有當我們滿足於與實在保持一種以科技來予以掌控的關係時，這才具有說服力。

假如我們並不單單著眼於對實在的操控，而是與之和諧共處；假如我們不是單單為了改變實在，而是改變自己以求更公平地對待它，藏身於日常世界背後的實在問題便會帶領我們與超越的深淵面對面相遇。在我們的思想無法拿捏實在之時，我們的感受便最為強烈，猶如波濤拍岸，在岩石上濺起水花一樣。

聖經為我們提供了一種奇特的語言，用以描述這種經驗，它並沒有說及實在或存有的超越性，而是說及上帝的卓越（preeminence）。但兩者卻能併合在一起：上帝與存有、上帝與實在。於此，上帝以「我就是我」（I am who I am）或「我將會是那位我將是的我」（I will be who I will be；出三 14；譯按：《新標點和合本》將之統譯為「我是自有永有的」）來彰顯祂自己。這種語言強調了上帝的超越性：「我的意念非同你們的意念；我的道路非同你們的道路。天怎樣高過地，照樣，我的道路高過你們的道路；我的意念高過你們的意念。」（賽五十五 8～9）對形象——具體偶像——的禁制，說明了我們根本不可能把神性那「全然他者」的性質表達出來，這制止了一切企圖把上帝形象化的嘗試。這個信息緊緊遵循著第一條誡命：「不可為自己雕刻偶像，也不可做甚麼形像彷彿上天、下地，和地底下、水中的百物。不可跪拜那些像，也不可事奉它」（出二十 4～5）。

第二，偶然性的經驗。在最為接近之處，我們的意識也能直接地經驗得到這同一份超越性，就是那徹底地迴避我們的知識，因為它是滲透及臨在於萬事萬物之中的。儘管在我們的內在及在萬事萬物之中，實在本身也無法為我們所掌握，但我們畢竟也是實在本身的一部分。我們**是如此**（are），即使我們對於有關自己到底真正是誰的知識，仍然有所缺欠。然而，在其中一方面，我們卻有著一種關於我們的存有的當前意識：我們都是偶然的。像所有實在一樣，從遙遠的銀河星際到至為微細的質子成分，我們的存在都不過是純屬偶然的，而不是出於必然的。我們存在，而不是一無所有，乃是一個無法解釋的奇迹。這個奇迹每時每刻都滲透在我們當中，甚至滲透我們對其作出探究的思想中。這種無處不在的偶然性乃是宗教經驗的第二個根源。於此，宗教根源並不在於存有與表象之間的對比，而是在於存有與虛無（nothing）之間的對比。任何存在的事物也可以不存在，每一件存在的事物都將會在某一天消逝無蹤。當然，我們大可把這種經驗視為微不足道，我們可以說：事實上，我們的確難以說明為何存在著這一切的事物而並非一無所有。然而，當中卻毫無奧祕可言，更肯定不存在神聖的奧祕。這是一個微不足道的事實，與我們的思想與行動毫不相干。不過，我們將復歸無有的這個事實，卻肯定不是甚麼雞毛蒜皮的小事，而在我們面對復歸無有的當兒，我們卻熱情澎湃地肯定存有——為那尚存的每時每刻而獻上感謝。雖然我們經常迴避我們那復歸無有的進程，但當我們想及這種存在的終結時，我們還是會偶爾經驗到一份極大的平安。

超越性的經驗與偶然性的經驗，兩者都同樣是至關重要的。在超越性的經驗中，存有躲避我們，令我們總是無法抓著它。然而，在偶然性的經驗中，存有卻比我們與我們的自身更為接近。存有圍繞著我們的自身；它作為一種無所不包的實在而出現，遍布在我們最深層的存有中。聖經也同樣具備一種表述這類存在的偶然性的強力語言。存在的偶然發生與過渡的本質，乃是以一種哀歌的形式出現：「凡有血氣的盡都如草；他的美容都像野地的花。草必枯乾，花必凋殘，因為耶和華的氣吹在其上；百姓誠然是草。草必枯乾，花必凋殘，惟有我們上帝的話必永遠立定。」（賽四十 6～8）「你叫他們如水沖去；他們如睡一覺。早晨，他們如生長的草，早晨發芽生長，晚上割下枯乾。」（詩九十 5～6）然而，同樣也有為著自身存在而出現的一番喜樂：「我的肺腑是你所造的；我在母腹中，你已覆庇我。我要稱謝你，因我受造，奇妙可畏；你的作為奇妙，這是我心深知道的。我在暗中受造，在地的深處被聯絡；那時，我的形體並不向你隱藏。我未成形的體質，你的眼早已看見了；你所定的日子，我尚未度一日，你都寫在你的冊上了。」（詩一三九 13～16）

第三，共鳴性的經驗。那些在超越性的經驗和偶然性的經驗中顯露自身的事物，大可被輕視和忽略。我們沒有這樣做，乃是因為我們在這些經驗中感受到一份挑戰。實在本身「呼喚」著我們，彷彿當我們那些觀念和思想被證明無法將之拿捏的時候，我們便應當把它們一併棄掉。存有與非存有（nonbeing）的奧妙在「向我們說話」，並使我們充滿著一份感激之情，彷彿我們不以一種深刻的情感來作出回應的話，我們的生命便會有所缺欠。因此，這兩種經驗不至被人輕視，皆因我們對此產生了一份**共鳴性**（reasonance）——若在這樣的實在中，我們遇上了某些跟我們深切相關的事情，在我們內裏便會激起一種共震頻率。「共鳴性」可以被理解為一道把整個宇宙連繫在一起的普遍原則，包括從最微小的粒子到最複雜的生物有機體。在周遭的實在中，似乎有某些東西在附和著我們，當我們回應這些東西時，我們便能夠對自己有所理解。

這些共鳴性的經驗，乃是宗教經驗的第三個來源，它們的意義可以藉由那些建立倫理規範的問題所刻劃。我們永不可能從所觀察的事物中，疏理出倫理原則，因此，這個實際上作為萬事萬物的具體顯現的「世界」，永不可能替我們的行動提供任何規範性的動機。那麼，我們的精神特質是如何出現的呢？某些羣體或會以自身的道德體系來證明自己較諸其他羣體更為優越，他們得到更佳的生存機會，因此，他們及其精神特質便得以留存下來。然而，那些有著更強內聚力的羣體，不單在戰爭與危機中有著更大的生存機會，他們還具備了相當的吸引力，以致他們甚至能夠贏取敵人支持他們的生活方式。我們的倫理學是兩個民族的產物——猶太人和希臘人，他們使其羅馬統治者歸信了他們的文化與宗教（如果我們把基督教視作猶太宗教的一個變種的話）。他們的精神特質得以勝利，並非因著社會達爾文主義（social Darwinism）。那獲勝的不是一種作為屠殺他人的最有效手段及提供最大的生存機會的道德體系；而是那種能夠吸引陌生者，透過不斷的嘗試與修正來消除種種毀滅性元素，並且提供一個可行生活方式的精神特質。然而，正如我們所清楚知道的，精神特質的功能性並不會確認它。不管有多少人相信他們應當恪守某些規則，結果也不會產生任何約束力，人們只會因著社會壓力而遵從之。基本原則依然存在：規則並非源於事實。大多數人所接納的標準不必然是規範。因此，從我們對於一個被證明為具價值和功能的特定倫理觀的觀察，到我們全心委身於這種精神特質之間，需要一種極大的跳躍。這種委身意味著一種內在的確信，意味著在重重的生活矛盾之中仍然對之堅守不二，儘管它造成了極大的傷害卻仍然堅守之，情願犧牲自己的性命也不願放棄自己的信念。

從對演化而來的精神特質所觀察到的有效性，到具規範性的信念之間的這種跳躍，是如何出現的呢？當中只有一個規則——這不單是一個規則——能使這種跳躍出現：你必須活著，你便可能活著。假如我們都服膺於這個規則的話，那麼便會順理成章地出現一些能使生命得以可能的規則。對個人生命的肯定、對他人生命的肯定，以及對世界的肯定，這三者互相關連。對自身存在的肯定，同時也是對億萬年來創造了那些構成我整個存有的化學紐帶的進程的肯定；對自身存在的肯定，同時也是對那製造了我及其他讓我賴以存活的人類的千百年的歷史的肯定。然而，我們是從哪兒聽到這種基本規則——你必須活著，而你或可活著？在對生命的感恩中，以及對**某些事物**存在而不是一**無所有**的肯定中，我們也聽到這個規則。這是一種基本性的宗教經驗，任何對此有所感應的人都能夠把實在經驗為一股強大的倫理力量，以及一束熊熊愛火，在遭受對抗之時，這火燄便能夠轉化為地獄之火。在這種個人經驗之中，西奈山的上帝就是那股集中的倫理力量的核心。當我們被這種對生命無條件的肯定所緊緊地抓著，深願著**某些東西**應當存在，而我們也當存在於萬事萬物之中的時候，我們便當承擔那些屬於自己的絕對義務，去履行任何促進自己及他人生命，並且能使我們生活在一起的事情。我們只可以說，當中的規範已證明了自身的價值，因而獲得了一種絕對的權威。

如此的經驗——我們在其中遇上作為一個價值的存有本身而產生的——有著許多種不同的形式。我們常常會經驗到實在是那麼的井井有條、那麼的美妙絕倫，或是那麼的生氣勃勃，以致我們總是感到一份需要保存其秩序和增加其美感的責任，並且需要以我們的生命力去表達其動力。這一切經驗都是共鳴性的例子。世界的秩序反映在我們的智力中、大自然的動力反映在我們的生命力中、他者的「你」反映在我們自身的「我」中——每當我們經驗到某些確實無疑地客觀的事情時。然而，我們總不會單單觀察到這些事情**何以如此**而不是別的模樣；我們卻會立時認定這是何以事情**必須如此**而不是別的模樣。這個「必須」並非內存於事物本身，而是在我們與這些事物之間的互動關係中產生的。而這種互動關係可以被描述為我們自身與實在之間的一種關聯的經驗，讓我們能夠看出實在的可貴。共鳴性的經驗就是價值的經驗。在這些經驗中，我們超越了物象世界（world of objects），在這些物象中及透過這些物象，我們經驗到一種更高層次的價值，那份必然責任就是建基於此。甚至連這些經驗也可被視作可有可無。我們或可這樣說，在這些經驗中，我們給實在強加了某些我們所同意追隨的規則；而實在那種強制的特質乃依賴我們把自己的需要投射在實在之上。然而，在我們的生命中，我們拒絕接受這種可有可無的看法。我們指斥那些不公義的事情，因為我們深信那些不公義的事情所冒犯的，乃是一些並非出於我們自己的構想而是獨立於我們而存在的準則。我們對周遭所看見的事情提出反抗。

讓我再重申一遍：我們所訴諸的那些準則，可以歸因於一個進化發展的過程，但這卻只能解釋到價值觀念與規範是如何的散佈，而未能對當中的規範性提出解釋。假如某個已被證明其對生命及求生具有價值的精神特質，被視為具規範性的話，那麼當中至少有一個規範是必須被假定的，這就是：生命有其價值。那麼，我們便能從這個基本價值中，為到所有能夠提升及保存生命的預備工作，衍生出一股強制性力量。然而，我認為這個基本規則——某些必須存在，或是存有較非存有為佳的東西——所靠賴的乃是那種我認為必須被稱為宗教性的經驗：存有與責任、實在與價值融為一體的經驗。這類共鳴性的經驗也在聖經的讚美和感恩語言中得到表達：「耶和華啊，你的慈愛上及諸天；你的信實達到穹蒼。你的公義好像高山；你的判斷如同深淵。耶和華啊，人民、牲畜，你都救護。上帝啊，你的慈愛何其寶貴！世人投靠在你翅膀的蔭下。他們必因你殿裏的肥甘得以飽足；你也必叫他們喝你樂河的水。因為，在你那裏有生命的源頭；在你的光中，我們必得見光。」（詩三十六5～9）世界的那呼求式的特質被那種刻劃具體事物的語言喚起來：「諸天述說上帝的榮耀；穹蒼傳揚他的手段。這日到那日發出言語；這夜到那夜傳出知識。無言無語，也無聲音可聽。它的量帶通遍天下，它的言語傳到地極。」（詩十九1～4）

就是這樣，出現了三種讓個人得以接觸宗教的基本經驗：超越性的經驗，在我們的認知能力（連同整個人生）失敗的當兒出現；偶然性的經驗，喚醒了我們的受造意識；以及共鳴性的經驗，我們在其中經驗了絕對的價值。

即使在世俗化的社會中，我們也必須致力體會這些經驗，並且透過理論反思去指出它們的可能性。這些經驗不會構成宗教，它們或會漫無目的，無法利用某種公共的宗教語言去締結一個社羣及建立一種不間斷的個人思維模式。它們就像一個泉源，若它們不被抑制或賦予方向的話，結果只會弄得一團糟。然而，我們需要為著這些經驗（及其他）而作些甚麼，才能促成一種宗教性的建構呢？我們需要從中傳遞出甚麼，才不會讓某些人輕視它們，或是不至陷入宗教的困境？聖經的語言可以給予幫助，它讓這些經驗得到了清晰的表述。然而，由根本的宗教經驗發展為宗教思維模式的過程，同樣關乎一個事實，就是這種語言激活了一種內在的宗教感，俾能把這些瞬間的經驗轉化為一些持續不斷的學習進程。我充分的意識到，二十世紀的主流神學傳統認為談論這種宗教感是極為過時的，那種具創意的聖經用語的神學會把它視為某種應該受到譴責的異教的開路先鋒；不過，這種宗教感卻是被聖經用語所喚起的。然而，嚴格一點來說，這個「用語」（道）就是基督自己。二十世紀的神學一般都是透過道——這道與任何本於普遍人類經驗及宗教先天經驗的神學都是對立的——來發現啟示的。這樣的態度合理嗎？人們不是經常使用他們的宗教感來協助模塑聖經的用語嗎？這帶領我們走進基督宗教的第二個前提：相信一位救贖主。

2. 相信一位救贖主與世俗的經驗

對於現代思維來說，基督論中人性的一面已為一般人所接受。把耶穌視為一位魅力非凡的人物，他的創新思想使其與同時代人之間產生了衝突，最終因著帶有政治動機的指控而被處以死刑——這實在很容易被清晰地表述，但就著其「人性」的另一面而言，他的一生與職事，卻需要一番嚴謹的解釋。當中的問題是，新約聖經以一種神話般的氛圍來環繞著這個地上的人物，將他奉為上帝的兒子，從天上下凡，也回歸天上。他在人間的生命只是其存在的一個過渡階段而已。這種對耶穌的神聖化是否也能為人所明白呢？若要叫人明白的話，我相信必須依賴我們內裏的那份宗教感，能夠從一個人身上看出某些遠超於僅僅屬於人類的東西來。要說明我所指的這種宗教感，我會採用一個虛構的例子，就是由現代醫學科技所製造出來的一個人間天堂的人物（*homo paradisicus*）。

讓我們想像一下，在探索圓滿人生的過程中，若干位科學家引領我們走進一個房間，那裏有一個被人工地灌輸了某種絕對的幸福感的人。這個人間天堂的人物躺在牀上，對周遭世界一無所知，卻插滿了各式各樣只會產生歡愉感覺與情緒的電線與儀器。為甚麼我們會拒絕給他轉換環境呢？為甚麼我們拒絕接受這是一個真實而圓滿的生命呢？

- 這個人間天堂的人物是一個完全依賴他人而活的人，在其圓滿人生中並沒有扮演任何角色，也沒有任何機會為著自己的一生負上責任。他並不自由，因而喚醒了我們內裏一種渴求自由的需要。
- 這個人間天堂的人物活在一個虛幻的世界裏，當我們意識到這種實在與我們所理解的實在不一致時，我們便不可避免地要在兩者中作出調整，而實在卻在當中佔有絕對的優先性。幻象只有在我們還看不透它們的時候才管用，一旦其西洋鏡給拆穿了，便失卻了令我們快樂的能力。真理的那規則，喚醒了我們內裏一種渴求無制約（the unconditional）的需要——在各種情況底下，渴求某些比我們的思想，甚至是比我們的生命也更為優先的東西。
- 這個例子無法說明我們生命的第三個特徵，而只能在這個例子所作的反省中作出闡述。一旦我們得出一個結論，認為這個完全人工化的人間天堂的人物並不享有一個圓滿的生命時，我們可以聲言這種對於真理的領悟是「永恆的」。倘若這是真實的話，每時每刻也都是真實的——即使是七百萬再加上 n 年。即使是一些微不足道的真理，只要為真，則永遠為真。假如我們說及第 x 天下雨是真的，就算過了七百萬再加 n 年後，第 x 天還是一個真正的下雨天。

在我們內裏，潛藏著一種對自由、絕對和永恆的意識——即或我們並未察覺之。當然，我們可以刻意地否定現時所身處的環境。不少人故意否定人類的自由，但是他們那種認為人類並非自主的信念，在很大程度上是基於他們的物質決定論（physical determinism）。在那種情況底下，我們不可能說：「這是真的」，而只能說：「直到目前為止，我們世界的一切因素致使某人說出這一番話來，僅此而已。」任何相反的論點均有著同等的權利，因為它也是被命定的。任何人除了把其論點說出來之外，根本就無可作為，因為它早就被全然命定了，所謂對真理的爭辯便毫無意義。

這種對於永恆、絕對及責任的需求，在宗教中變得甚具成效。我們匆匆一瞥所處身的這個世界，便會建構出一些超越這個世界的形象。我假設這種對於自由、絕對以及永恆的需要，乃是在人們研讀宗教符號世界之時所激發的。雖然當中人類並沒有任何關於上帝的先驗知識，但是總有一些前設條件是我們認識上帝時所不可或缺的。「絕對」與「永恆」並不等同於那位活著的上帝；上帝不止於此。而那種渴求自由與責任的意識也可以在對上帝毫無認識的情況下被建立起來。然而，倘若缺少了絕對、永恆和責任的意識，我們便無法理解聖經經文中的上帝觀念。讓我對宗教範疇如何被基本的宗教經驗所活化，作出簡單的描述：

1） 超越性的經驗能夠激發一種絕對感。一個規則逼使我們把所有的錯誤和假象（關乎我們活著的這個有限世界）都獻在那實在的祭壇上。假如我們情願要一個有利於自己的假象而不要真理的話，我們就是把個人利益置於真理之上。如今我們時刻跟隨著這份絕對感，它必然會引領我們選擇某些本身是首要的而非次等的事物。即使我們知道難以達成到這樣的目標，我們還是會如此去作。由於我們永遠無法超越自己的思想和理性的概念，所以我們永遠也不能直觀實在本身。儘管如此，對絕對的渴求感還是會催促我們尋找那超越經驗世界的絕對真理。

2） 假若我們沒有忽視那種偶然性的經驗，並且接受自身的受造感的話，這種感受就會在我們面對「從哪裏來，又會往哪裏消逝」的虛無中油然而生。這種虛無感是永無止境的，一旦我們墮入其中，便無法停止下來。然而，亦正是基於這個原因，它喚起了一份讓我們感受到何謂永恆的感覺。我們不知不覺地明白到，那個吞噬我們的虛無乃是永恆的，同時我們也知道自己那瞬間的存在會被永遠記錄在存有之書（the book of being）上，即使我們已經進入了虛無的黑洞中。在“x 加 n”年之後，我們曾經存在過的事實仍然是真的。在“x 加 n”年之後，今天我們想及在“x 加 n”年後將會如何的念頭，也是真的。因此，面對著這份虛無，喚醒了我們內在的那份永恆感：在匆匆的瞬間中感受到無止境的虛無及永恆的真理。

3）如果我們沒有放棄那種早前所曾提及的共鳴性的經驗，而是把它視作能夠幫助我們活出真我的那些規則的話，這些經驗便能激發我們對自由的渴求感——一份無人可奪、在我們生命中的責任。讓我再次用一個例子去說明這種由共鳴性的經驗所引發出來的要求：一個友人前往阿爾卑斯山（Alps）渡假，打算輕鬆一下。最初，此行並不是為了欣賞阿爾卑斯山的迷人景致，他只期待這是一個能夠讓他放開懷抱、重新得力的好地方。怎料當他穿上滑雪板，遙望皚皚白雪之時，他頓時感到這回不該像一如既往般滑下山坡去，而是要順著山勢，溜滑出一些漂亮而迷人的弧線來。在我們的生命中，同樣經驗過這樣的催逼感。我們來到這個世界，期望它能滿足我們的需要，但我們卻被這個世界中的一個使命緊抓不放，這個使命如同呼召一樣臨到我們。我們不是要服事這個世界，而是要服務於一個目的，彷彿我們有責任以一種合乎情理的方式去延續這個世界的歷史。對於一種客觀化的世界觀而言，類似的經驗乃是實在的「軟性」領域：男人與女人的世界、人類的各種抉擇、計劃、夢想、道德觀念。然而，這樣的實在就是人類活出本真生命的地方。我們可以對「到底我們是誰」這個問題避而不答——不論我們是受著慾望操縱，還是按著理性過活——然而，就是實在裏面的這點「空隙」等待著被填補，以讓我們的生命得以實現。

我們可以總結到，那些超越性、偶然性及共鳴性的根本宗教經驗喚醒了我們內裏的一個「自我」，這個「自我」意識到自身那份確鑿無疑的重要性，它存在於與絕對及永恆的接觸中，並在其自身那獨特的責任中被實現。它的生命如同一個能夠被逃避或承擔的使命，尋找甚麼是它真正之所是、甚麼仍是懸而未決的事情。聖經於此擔綱著一個決定性的角色，其經文通常都是十分奇特的——充滿傳奇色彩、異想天開、情節虛構，但是它們卻在我們身上和我們的內在產生了果效，因為它們說中了某些潛藏於我們內裏的事情：它們促使我們面對著一個承擔責任的呼召，這是一個包含神聖那不受制約的本性、讓人與永恆實在得以接觸的呼召。宗教產生自那些基本的存在經驗與我們內裏的宗教感的範疇之間的匯合，但卻經常由一種具體而傳統的宗教象徵語言所傳遞出來，就如我們在聖經中所找到的那一種語言。現在我們可以針對下述那些問題來構想答案：為甚麼我們要閱讀聖經？為甚麼我們要教授聖經？最重要的目的是以一種宗教語言來作出教導，俾能——但並非必須——成為一種極其重要的宗教經驗的語言。然而，為甚麼非要是聖經不可？

為甚麼不可以是其他書籍呢？第一個答案與其內容密切相關。

在新約聖經中，這種宗教語言的焦點是耶穌基督——既是一個凡人，也是一位救贖主。我相信當中存在著一種渴望永恆、絕對和責任的意識，促成了對這個人物形象的描繪，這點是顯而易見的。一個歲月匆匆的非凡人物，生活在特定的處境底下，明顯地受著各種社會及政治因素所規限，卻被認定為一位永恆而絕對者的顯現，並且要求我們承擔責任。因此，這位人物詩意地被一種只適用於神明身上的神話式氛圍所環繞。然而，這種氛圍卻沒有替代那位本來的人物。耶穌同樣也是有血有肉、偶然和受限制的，亦即作為一位具體的歷史人物而在我們的記憶中被保存下來。難道基督形象對於初期信徒的內在信服力，不也是在於其基督論符合了那對永恆、絕對和自由有所渴求，卻也陷於死亡、偶然和受限等意識的人類自身結構嗎？耶穌能否因著喚醒了人類的宗教意識，並且使之與日常的塵世實在調和一致而得以佔據新生的基督宗教中的這個核心位置呢？我們看到在新約聖經中，所有的基本主題均與耶穌基督這個人物有關，他在新約聖經中的形象就像是這些主題的道成肉身一樣。因此，要認識基督這個人物，最重要的是要為這些基本主題尋找一些世俗的類比，好使那些局外人也能明白它們。

3. 對聖經核心主題的俗世切入點

對應於基礎的聖經主題，俗世觀念提供了一些十分類同或有所差異的主題，這些主題經常引發的問題是，到底它們所代表的是世俗化的聖經傳統，還是在遇到同一個實在時所形成的一些獨立類比。在接續下來的討論中，我會首先以敍述的方式論及這種「世俗的」類比，然後在第二個部分中，我會加入一個並非人人都會認同的理論解釋：一個對於聖經宗教基礎主題所作的進化論解釋（evolutionary interpretation）。這種解釋或可被視為那些以現代語言來表達聖經信仰議題的嘗試的一個代表。不過，在原則上，其他詮釋也是可能的。

創造。對萬物皆偶然的那份意識，對應著整個創造的主題。希臘人和羅馬人不會像猶太人與基督徒般，普遍地對萬事萬物的存在那非理性的偶然性有一種意識；猶太人與基督徒乃是透過聖經中關乎創造的信仰，而使他們認識到這種偶然性。這種信念將萬物的存有追溯至上帝那句令人難以理解的命令之中。然而，在西方歷史的發展中，這種偶然意識卻已從那能夠發現它的處境中溜走了。今天，它緊貼著實證科學，而這種實證科學卻先驗地確信，我們無法透過邏輯推論去獲取關乎實在的知識，而只有在面對那些思想過程所無法預計的事實及數據時，我們才能獲取這種知識。世界的本質和特徵都是偶然的，它們不能夠被先驗地推論，而只能夠被後驗地觀察。

在進化論的框架中，聖經中的創造主題，就像世俗的偶然性的主題一樣，乃是非理性進程的一種表達，它產生了眾多類型的生命與存有，但其中卻只有少數得以存活。進化論乃是在「機會率與必然性」的相互影響中發生的。偶然性、創造性、新穎性和不可預測性，都與機會率互相關連。機會率彰顯於生物進化的各式變異，以及在不同元素的重新組合之中。它並不涉及從無造有，但卻包括那透過前所未有的全新結構與組合而進行的創造。在這一切創新中，自然的選擇保存了任何擁有存活機會之物，因為其與實在的基礎條件相符。大部分變異形式的消亡只在於它們未能夠完全適應周遭的環境，以致這種生物的結構無法產生出任何有利的條件。這種機會率與必然性、創造與生存的相互關係，深刻地轉化為新約聖經中一個關鍵的層面：那些「不適合」和「失喪」的人都被上帝的創造權能拯救了——這些正是按著物競天擇的原則而被認定為必然滅亡的事物。那位被釘的耶穌已經被人厭棄了，他要從歷史的舞台上消失，他的無能和軟弱被清晰地展示出來。然而，上帝卻賦予這位耶穌一個新的生命。在耶穌從死裏復活的事件中，上帝的創造權能乃是作為一種對自然選擇論的反抗而介入了歷史的軌迹。

智慧。與智慧主題相對應的是一切科學所假設的那種世界的規律。對於每一個科學實驗和理論而言，這都是不證自明的。雖然如此，這種對於世界的秩序性（world's orderliness）的信靠卻是歷史發展的產物。在與自然科學緊密接觸的五百年中，我們得出了一幅愈來愈清晰、關乎那些支配大自然運作的定律與規律的圖畫，儘管在這樣的秩序背後並不存在必然的理由。實在可能會有著不同的模樣，即使像人類那麼複雜的結構也難以在一個不太有秩序的世界中站得住腳。我們只能觀察到一個有著讓人驚歎的秩序的世界，而其基礎結構讓生命得以成為可能（人類學的原則）。

在進化論的框架之內，智慧的主題揭示了創造與人類生命之間的那份共鳴。受造世界的那些結構給生命帶來了支持，而任何受到那些結構所引導的人都得以存活。在聖經的世界觀中，這種世界與人類之間的「相互配合」乃是伴隨著創造而發生的；但對於進化論的想法而言，這卻是經過一段冗長適應過程而出現的結果。新約聖經反映出這種適應過程中的一個危機：智慧變成愚笨。那些全然「不適應」的東西，可能較諸那些看似「強壯」和成功的東西更能符合那個終極的實在。

神蹟。在現代世界中，與神蹟的主題相對應的乃是一種堅決的非決定論（strong indeterminism）：相信機會，並且認為歷史進程並非一成不變的。在此，現代思維便出現分歧，我們很自然地搖擺於決定論與自由的觀念之間。然而，撇除了這些理論層面上的信念，在我們當下的日常觀念中，我們全都自發地要求著自由與責任——不然，任何責備與委身都是全然荒謬的。相似地，在我們那些關乎決定論或非決定論的諸多理論的後設反思（meta-reflection；譯按：或譯「元反思」）中，我們全都聲稱我們擁有自由，因為假若我們將決定論應用在這些理論的根源之上，這些理論便會削弱其自身的基礎。

進化論詮釋可以在哪兒開始呢？神蹟介入在生命中那些毫無盼望之處，就是在饑餓、困境、疾病、死亡邊緣之中。我們或許有時會對福音書中那些異乎尋常的神蹟感到困擾，但這些神蹟其實只是單純地及強烈地表達著反自然選擇論者的抗議，而這種抗議更是彌漫在整部聖經之中。

疏離。在今天的世俗文化中，存在著不少與疏離的主題銜接的主題。我們找到一種深邃的荒謬感，它能達至現代人那種自我厭惡的極端。這類經驗標誌著一種深深的自我疏離，而這種疏離感卻無法因規範和生活方式的解放而得到舒緩。事實上，當自行選擇的那些規範和生活方式失效時，會較諸社會中的傳統規範帶來更大的壓迫。當中那失敗的根源乃是在於我們身上，因此其中所造成的傷疤便愈發深入。

在進化論的詮釋中，疏離感顯明了人類與受造物相互間的不協調。儘管我們已作出了一切在結構上的調適，我們還是會感到自己對日常世界和終極實在皆未能適應。我們失卻了生命的承諾，而那承諾本應存在於與實在那整全的一致性中。罪惡與苦難顯明了我們與這個完美狀態的疏離，它們代表著進化路途上的痛楚，也代表著那對新世界的渴求而發出的「受造物的呼喊」。

盼望、出埃及、回轉。與更新的主題相對應的，乃是一種堅持轉化世界的烏托邦式感悟力（utopian sensibility）。所有的現代歷史，不論是好是壞，都是對這種烏托邦的回響。出埃及這個主題不時會被轉化並再現於近代各種不同的解放行動之中——為著解放工人、青年和婦女。在個人的層面上，與更新的主題相對應的乃是一種相信可以改良品行的治療性文化。有時候，這種改變甚至還帶著某種熱心。至少，不同的治療學派都分享著這樣的信念，就是認為我們面對自身生活處境的各種方式，都能夠被建設性地轉變。

更新的主題聖化了那種對於時間流逝所持的進化論觀念。在但以理的視象中（但七章），王國的更替秩序被視為一個從「大獸」的統治，發展至「一位像人子的」施行統治的歷史進程。在早期的基督教中，耶穌成為了這樣的一位人物。新的國度帶有祂的標記，而不是那些大獸的標記。難道這不是標誌著那對於我們從生物進化過渡至文化進化的體認的第一道曙光嗎？在歷史當中，我們是否仍然處身於由獸性轉變為人性的過渡中？難道這番體認並不包含一點點原初的真理在其中嗎？

內住。與神聖內住這個主題相對應的，乃是一種現代的堅決主張：每一件屬靈事物都當取得可被感知的和有形的形式。我們生活在一個頌揚身體與感官的文化中，這可能是由於我們經常因著工作場所那過分的紀律而傷及自己的身體與感官。那種對具體存在的渴求不斷讓人感覺到：在對非語言溝通的崇拜中，思想得以具體化；以及在運動的狂熱中，抽象的生活也得以具體化。在「愛的大巡行」（Love Parade）的喧囂中，對身體的崇拜被商業化了。

內住的主題把個人描繪為一片等待著新存有來填補，以及被上帝的靈所轉化的「空白處」。藉著重生，個人能夠獲得一些對那更深的實在更為敏銳的「器官」，而得以超越日常世界，因而確信弱肉強食的法則只不過是我們所身處這個有限世界的觀點而已。基督是那被轉化了的人的原型，讓人們得以進入一個和平與復和的世界。上帝在基督裏的道成肉身，堪可與一種創造性的「突變」相比擬，在一瞬間提高了人類對於終極實在的「適應力」，並讓人得以進入新的境界。

代替。代替的主題或代理的主題能夠連繫於那種對受造生物皆分嘗著同一條生命之流的現代觀念。這種觀念甚至可以訴諸自然主義的例證。我們身上的某些東西，也同樣存在於所有受造生物之中。我們的基因密碼與昆蟲的基因密碼出奇地相似。那種認為人類不可彼此交替的意識，只會出現在個別的人的觀念之中。然而，我們的物質軀體——我們的具體存在——卻使我們與自然世界彼此結連，而這種結連能夠在一種宇宙性的連繫意識中被經驗得到。倘若我是塵十，我便能夠在塵土中辨認出自己；倘若我是血肉之軀，我便能夠感同身受地經驗一切與我關連著的血肉之軀。素食主義為到我們對其他生物所施行的殘忍對待，提出反抗。

從進化論的觀點來看，代替的主題包括兩方面：它既體現物競天擇的原則，同時又對之提出異議。一方面，所有生命都是藉著犧牲他者的生命而得以存活，那些未能適應的生命會為了實現那些優等的生命而徐徐消逝。在這種理解之下，替代性的代表便是物競天擇的一種表達形式。那些參與「求生競賽」的生命都會逼使他者為著他們的存活而付上代價。另一方面，替代性死亡那基督論式象徵卻把這種觀點完全顛倒。於此，生命的存活不在於犧牲他人的生命，而是在於心甘情願地接受死亡以使生命成為可能。然而，最重要的是那個犧牲了的生命不再受到死亡的轄制，這生命克勝了死亡，因而廢除了那條必須犧牲別人生命才得以存活的定律。

信。信這個主題在人文主義的「互動文化」中找到其對應之處，並且從中意識到，基本信任對於整個生命而言都是十分重要的。我們與生命中最先接觸到的一些重要人物的關係，乃是建立這種基本信任的關鍵。我們都清楚知道沒有人可以在孤獨之中培養出這種信任：我們得到的往往是雙向的信任。

信這個主題反映著我們的經驗：倘若沒有了信任，我們便會在一連串的事件中一敗塗地（無論是歷史性及進化性的事件）。這種信任乃是建基於與他人的相遇，當中發生著一些「質的跳躍」（qualitative leaps），促成及應許一種與終極實在更為和諧一致的關係。在所有靈性彰顯其轉化力量的生命中，信都能得到更新。在新約聖經中，耶穌便是站在這個不變機構和信的更新的核心上：祂是「為我們信心創始成終」（來十二 2）的那一位。

愛（神聖的愛）。與神聖的愛的主題相對應的俗世事物，乃是一份存心包容異鄉客與陌生人的休戚與共之心。關愛鄰舍已經成為了一項普遍價值，即使在我們這個現代社會中，我們會追求一些跟關愛鄰舍並不一致、甚至存在巨大差異的倫理方案。一個著重權力的方案旨在操控和壓制，而一個持相反觀點的方案則旨在建立友誼和提供援助。救援組織如雨後春筍般在世界各地紛紛湧現。我們投放了大量時間和金錢去建立和維持這些組織。

神聖的愛這個主題，提出了一個從生物進化論過渡至文化進化論的進程。在生物進化論中，成功的關鍵在於既關愛自己的血緣親屬，並同時向別人進行侵略。早期基督教卻把這種做法扭轉過來，要求人們愛仇敵、陌生人和罪人，並且要冒犯自己的親屬，甚至直言不諱的要求耶穌的追隨者撇下自己的父親和家人。

地位逆轉。在現代世界那種反抗極權主義的氛圍中，依然存在著地位逆轉的主題。任何身處頂峯位置的人，都必須隨時準備接受其他角色；任何管治者都必須同時學會怎樣服事他人。在現代世界中，即使是那種以自我污衊的形式來表達的極度自謙，也能夠成為一種極具創意的轉變策略：我們在行動與示威所採用的技巧中看到了這一點。

在進化論的框架中，我們能夠在那個刻劃人類生命的生物進化與文化進化之間的臨界處境中，找到這種地位逆轉的主題：在動物社會中，主要構成生存定律的乃是階層與長幼秩序。能力最強的動物得著優勢，因為牠們對族羣抵禦外來攻擊和執行內部協調而言，是至為重要的。然而，假如領頭的那一位採納了最卑微的位置，生物進化論的基本原則便站不住腳了。

審判。在個人責任的意識中——即使不是向上帝負責，但至少也是對我們的良心負責——審判的主題找到了一種回響。的確，現今的人對於將生命變為一個「法庭」，往往都會提出反抗。然而，在現實中我們卻經常替自己尋求辯護：我們的行為、我們的社會，及至整個世界。對上帝的審判的期待，有時似乎較諸人類那種已把審判大日內在化的自我審判來得更加仁慈。然而，世俗思維也提供了一種平衡：罪人稱義的信念所對應的，乃是相信個人有著不可被剝奪的尊嚴——無論這人有著何等的行為與過犯。

為審判的主題作出一種進化論的解釋，大概是不能避免的。所有生命都活於物競天擇的嚴苛壓力之下，要將那些適合的生命形式與行為，從那些不適合的生命形式與行為中分別出來。這種自然選擇的客觀壓力，在最後審判的想像中顯明自身：只有那些符合新世界的條件的人才可進入這個新世界。在新約聖經的經文中，他們正正是那些被物競天擇原則排斥的人：軟弱者和不適合者。那些被認為不敬虔的人，在上帝的審判中被稱為義。那種對罪人宣赦的福音廢除了自然選擇所帶來的壓力，並體現出一種反達爾文主義式（anti-Darwinian）的異議。

這些見解都曾經試圖展示聖經的象徵語言，這種語言仍然讓許多人為之深深著迷，但同時也因著其過時和帶有神話色彩的內容而讓另一些人感到格格不入。它在我們現今文化的世俗思維中，找到了一些對應於其主題和基本主題的類比。即使是那些不欲把聖經的象徵語言收為己用的人，也能夠藉著它的幫助，而更能體會那些如此作的人。惟獨這份獨特的見解，能夠為到在教育制度及大眾文化中，推動普羅大眾更深的認識聖經，提供了一個重要的理由。為了進行這種與世俗世界的對話，我們需要一種不牽涉任何認信的宗教哲學。那些長久以來被神學家認為不屑一提，並且被視為過時的護教學或「自然神學」的諸多問題，如今卻在真實的生活中舉足輕重。神學家們的論述時刻營造出一種氣氛，使人感到這些問題是難以討論的。關於上帝的根本性討論，往往會被視為「認信班的課題」而不值一顧（我憑藉自己的經驗說的）。或許，這更像是為著那些提出這些問題的年輕人而說的，而過於是為著那些認為自己較諸這些問題高出一截的神學家們而說的！

與世俗世界進行對話的目的，乃是為了促成一種對實在的宗教理解。我們再次回想起，對實在的一種先存意義的信仰，乃是宗教那種與眾不同的特點。這種信仰無法被清楚說明，卻能夠使人在缺乏某種現存意義的自我揭示，以及在沒有任何使人明白生命意義的啟迪的情況下，得著那種「被告知」的體驗。這番意義和啟迪的先存性，獲得了一個來自人類以外的權威的保證（即使它看起來不過是實在的一個整全系統）。當中的難題是，我們如何把那對實在的世俗解釋轉變為宗教解釋——以及我們如何能夠促使他人，特別是年輕人，接納這種認知轉移。

這種轉移可堪與我們所看到的那些形景錯覺（figure / ground illusions）圖案相比擬。我們全都熟悉這些形象，那些格式塔心理學家（Gestalt psychologists；譯按：另譯「完形心理學家」）採用它們來說明認知乃是一個主動的過程。當我們把形象和背景倒置，便會首先看到一隻高腳酒杯，繼而是兩副面龐的側影；我們首先看到的是一個老婦，然後是一個少女；原先看到一隻半空的杯子，後來卻是一隻半滿的杯子。在每一個例子中，我們都給自己的認知作出了一次智性上的重組，而事物本身卻仍是客觀地不變的。當我們以宗教觀點來認知實在時，實在始終是不變的，但實在也按著我們內裏的「搜尋系統」而被重組。宗教的信念與主題構成了這樣的一個系統：它們創造出一種前概念

(preconception),讓我們在其中能夠以不同於世俗觀點的眼光來審視實在。北歐的宗教心理學把世俗與宗教觀點的輪替歸因於這種概念上的重組,當中所根據的主要是我們在適應實在之時所追隨著的那些楷模。

在這個過程中,聖經可能扮演的角色可以藉著葡萄園雇工的比喻(太二十 11 ~ 16)而得以說明。假如我們不去理會那種導讀性的隱喻公式的話,這個比喻可以被讀成一個關於工作世界的俗世故事,當中並無明顯地提及上帝。曾經有一位學生,他準備了一篇關於馬太福音二十章 1 至 16 節的講章,卻只因這篇講章並沒有提及**上帝**這個字詞而遭到否決。即使這篇講章沒有論及上帝,但也不代表它反映了「上帝之死後的神學」(theology after the death of God)。這篇講章只是單純地追隨著這個比喻的敍事動態(narrative dynamic),滿足於給公義與憐憫作出一番對比。這位講者哪裏有(同樣地沒有採取隱喻公式)暗示到這個比喻使日常世界被某位「全然的他者」所完全掌握?顯然地,這個故事的「誇大之處」削弱了一般人對它的正常期望:不管工作時間有多長,雇工所得到的報酬都是一樣的。世界上沒有員工會是這樣做!一個受到導讀性公式所提示的讀者,會一直懷疑那位雇主其實就是代表上帝;然而,上帝如今卻清楚的顯明自身,祂的行事不像是一位雇主,卻像是一位父親。因此,全然拒絕接受上述那位學生的「俗世」解釋,實在是一個錯誤。假如這位上帝的處事方式並不如雇主一樣，那麼，這便是對耶穌時代那些真正雇主所作的一種間接批判。這個比喻能夠顯得生動有趣，乃在於它與實際行為的對照。

然而，這番解讀卻沒有窮盡這個比喻那重構（restructuring）的推動力。當中的問題是，我們所認為的那種「橫蠻可恥」，卻被表達為當權者的「寬宏大量」。它的橫蠻可恥不單見諸於工作世界之中，而是在於人類的行為沒有得著「獎賞」的整體現實。好人經常遇上壞事情，而壞人卻往往得享驚人的昌盛。世界的這種倫理上的非理性，是一種對實在所作的宗教性理解的挑戰。在耶穌的比喻和教導中，我們會發現一些對此等令人嫌惡的經驗作出一番重新的解讀的情境，讓這些經驗轉化為一種信仰的動力和引發行動的推動力。我們可以認為，對不同的行為給予同等的獎賞，對那些行為較佳的人會有點不公平；但也可以認為這是對「其他人」獻出的一份慷慨恩慈。因此，這種世界的倫理上的非理性現象便成為了上帝恩慈的一個記號，就是對道德敗壞者賜予一個機會。其中最令人印象深刻的一種重構，就是愛仇敵的勸喻。太陽出來了，它既照好人也照壞人，這確實會帶來一種逆來順受的想法。傳道書就是在這個意義之下採用了太陽的形象。然而，耶穌的傳統卻正面地重構了這副消極的圖畫：藉著日頭普照歹人與好人來彰顯上帝的神聖恩典。我們應當跟隨上帝的榜樣，寬宏大量地對待好人和壞人。

聖經充滿許多故事和經文，讓那些俗世的想法得以接受宗教性的重構。我們在所有宗教中都找到類似的經文，而聖經是眾多競爭中的神聖典籍之中的其中一本。為甚麼我們賦予聖經一個獨特的地位呢？聖經能夠與世俗世界觀進行對話，而與這一點同樣重要的，是它能夠與其他宗教進行對話。

二 聖經與其他宗教的對話

西方文化經常為人所咎病的是，它已失卻了其神聖意識，活在「上帝的退隱」（eclipse of God）之中。西方文明愈發優越，便會有更多其他的宗教提出這樣的指控。今天，與這些宗教之間的對話再不是一些跨越疆土與文化的對話，而是在本土內進行的對話：在我們當中有不少伊斯蘭教徒，以及一些信奉東方宗教的小羣體。不同信仰之間的對話成為了締造內在及外在和平的一個必然元素，任何宗教或聖經研究都必須處理它——更何況我們與猶太教分享著同一部的舊約聖經，而伊斯蘭教基本上也對聖經表示尊重和懷有敬意。

在一種對話的處境中，我們必須在以下三個經典的立場中，採納其中一個立場來研讀聖經：

1） **排他主義**（exclusivism）支持單一宗教的獨一真理，而否定其他宗教的真理。宗教或被界定為「律法」，即要求人們透過自身的努力才能獲取救恩，這與福音形成反差；宗教或被描述為一些人工製品，與上帝啟示形成反差。

2) **包容主義**（inclusivism）承認其他宗教的真理，但僅限於在自身的宗教中，人們才能體悟得到這種真理。天主教神學普遍地持守這種立場，因而較諸許多新教神學的學派更能展開宗教對話。

3) **多元主義**提倡所有宗教皆平等的說法，這也許是由於它們全都關乎那個奧祕的終極實在，或是由於它們全都在尋索人類的救贖。一些小型的現代神學家羣體支持這個立場。

我們或可加上第四個立場：**對話主義**（dialogism）。這是不對其他宗教作最終的判斷，而只尋求一個讓不同信仰之間的對話得以進行的途徑，也就是按著那些包含了兩個元素的規條——尊重和接納其他宗教，以及真正對個人的立場提出辯護——而進行對話。多元主義反映著我們的多元化處境，但其骨子裏卻往往是一種包容主義——並非源於一個現存宗教的立場，而是源於一種假設性的宗教綜合，試圖把那些在所有宗教中找得到的真理素材整合起來。這種高人一等的觀點，乃是對所有宗教的輕視。要求那些持守這種立場的人將自己的宣稱作相對化的處理，無疑是一種過份嚴苛的要求。對話主義反映出我們那有限知識的限制，但卻要冒著放棄那些不成熟的嘗試的風險，這些嘗試就是試圖在理論層面上進入宗教的多元性之中，並對它們作出仔細的審視以鑑定當中的真理。

我相信我們可以從四方面來運用聖經，以支持不同信仰之間的對話：透過解釋經文、追溯它們的根源、審視其影響力，以及與其他文獻作出比較。我們參照其他宗教來解釋聖經經文；我們在聖經中識別出與其他宗教的共鳴之處；我們在其他宗教中研究聖經的影響力；或是我們在沒有假定聖經與其他宗教典籍之間存在著某種歷史聯繫的情況下，將聖經經文與那些文獻作出比較。

在經文解釋的層面上，我們在聖經中會遇到許多相信不同宗教的人士。原始歷史論及所有民族，而不單談論到以色列，以色列的被揀選是放置於一個普世場景之中的。一方面，這是工具性的，它促成了上帝命令的成就，以及向世界證實了上帝的存在。另一方面，它本身也內藏著價值，因著上帝那無邊大愛而揀選了這一個民族，而再無其他了。聖經的智慧非常珍視那些讓普世皆可接觸的知識。約伯，是舊約聖經中的一個義人的典範，他居住在「烏斯地」，但他並不是猶太人。在舊約聖經中，那對未來的盼望也是普世性的：先知書期望所有民族都能確信那位獨一的上帝。先知們對以色列的宗教自我主義作出了批判，而約拿書這部短篇書卷也表明了在以色列普世主義思想（universalist ideas）之中，能夠對特殊主義（particularism；

譯按：或譯「排他主義」）提出抗議：尼尼微城的外邦人所作的反應甚具代表性；而那位猶太先知卻顯得思想狹隘。在新約聖經中，以色列與其他民族之間界線給破除，這在耶穌之中被預示了；在早期基督教中，這成為了一種綱領性的說法。保羅把基督教開放給所有民族。然而，我們同時也找到了一個雙重的絕對主義：在舊約聖經中，獨一的上帝要求一種獨一的崇拜(出二十 2～3)；在新約聖經中，我們也發現到基督論那絕對性的宣稱，不論是以約翰筆下耶穌所說的話：「我就是道路、真理、生命；若不藉著我，沒有人能到父那裏去」(約十四 6)，或是以彼得的話：「除他以外，別無拯救；因為在天下人間，沒有賜下別的名，我們可以靠著得救。」(徒四 12)使用聖經來進行跨信仰的學習，一定不能夠忽視諸如此類難以處理的經文，並且更要對這些經文作進一步的擴充與推演。根據十誡中的第一條誡命，那位獨一的上帝就是曾經帶領以色列人脫離埃及捆綁的那一位，於此，自由被高舉為一種絕對的價值。約翰筆下的耶穌捍衛著仁愛之道，[2] 他那絕對宣稱的目標就是愛；而路加筆下(路加福音和使徒行傳)的基督所要求的卻是悔改與回轉，他那絕對宣稱的目標就是回轉。毫無疑問地，這些詮釋均自由地處理著聖經的文本，但也是認真而負責任地作出推演。

對聖經文本作遺傳式的解讀(genetic reading)，能夠深化它們那跨信仰的面向——在那些描述與其他宗教人士相遇的經文之上和之外。事實上，在聖經宗教那反融合（anti-sycretistic）的自我形象中——就是其所假定的對於混合信仰系統的對抗——與那些從其他宗教借來的許多觀念和主題處於一種緊張的狀態。舉例來說，我們在其他宗教的典籍中找到大量與聖經創世故事平衡的敍述；所羅門筆下的箴言糅合了部分《阿曼尼摩比的教訓》（*Wisdom of Amen-em-ope*；箴二十二 17～二十三 11，二十四 10～12）；在詩篇中，我們聽到了一些從整個古代近東世界而來的共鳴禱告。宗教—歷史學派（religio-historical school）教導我們尋找聖經中那些從其他宗教而來，卻被隱藏起來的原初文本和平衡敍述。即使有不少被認定為借來之物和類比已然過時，但是在聖經中我們也確實聽到許多來自不同宗教的聲音。當然，這條進路只會帶領我們走到古代世界的那些宗教面前，因為只有它們曾在聖經的文本中留下了直接或間接的痕迹。

對聖經的影響力的研究，也包括了那些較為現代的宗教；聖經曾經在這些宗教中留下痕迹。猶太人與基督徒共同擁有同一部舊約聖經，但卻必須與基督徒有所分別。穆罕默德提及到亞伯拉罕與耶穌，他也承認聖經的啟示特色，還視自己為約翰福音所應許的那位聖靈。聖經曾經影響伊斯蘭教的不少文獻。當我們審視猶太教、基督教及伊斯蘭教之時，我們會看到後來的宗教常常保存著一些可能性，是內存於某個早期宗教的，這些價值若不是如此被保存下來，便無法流存下去。在新約聖經中，猶太人找到了他們自身歷史中的一些零碎片段，繼而著手作出一番重新挪用：猶太教曾經拒絕接受的那段猶太更新運動的歷史。藉《可蘭經》的耶穌，基督徒現今遇上了一位與猶太基督教一同消亡的耶穌：一位以上帝為中心，並且專注於獨一上帝而不看重自己的先知。毫無疑問，這三個西方宗教——猶太教、基督教及伊斯蘭教——在最初之時是彼此緊密相關的，它們與東方宗教的接觸均屬次要，只有在現代時期中，聖經才對印度教徒和佛教徒產生影響。然而，這番相遇也把那些在西方傳統中已被埋藏的潛在特質揭示出來，正如甘地這個例子所說明的一樣。

撇除任何影響或遺傳關係，而對兩個宗教作出功能性比較的做法，乃是可能的。所有宗教都要處理比較性的問題、結構，以及表達的形式。宗教的現象學已將它們描繪出來，並且建構出一些宗教類型以展示它們的多樣性。尤其對於兩個直至現代時期為止，都沒有任何實質接觸的宗教之間，功能性的比較是合理的。即使那些類型只代表著一些虛構的典範，我們也不得不以之為一些整理資料的方法。只有一種對宗教的多樣化結構所作的精確定義，才能賦予基督教一個獨特的位置：在芸芸西方宗教當中，它與東方宗教最為相像。我們會在許多方面指出它所擁有的這種中間立場——這並不意味著一種特權，而是顯示出一份責任。

同樣地，在跨信仰的對話中，我們所著手探索的是其他宗教的基礎主題，而不是它們的「字面意義」。基督徒與猶太教徒及穆斯林之間，有著不少共同的主題：創造、智慧、神蹟、更新、信、神聖的愛，以及審判。與那些神祕的東方宗教所進行對話，則顯得較為困難。雖則如此，我們也當透視那些相異之處，以識別出某些更深層次的相似之處。與此同時，我們也必須考慮到，即使在那更深的層次中，東方宗教也可能是受著一些不同於西方宗教的核心信念與主題所模塑的。然而，在那種不同的基本信念的複雜網絡背後，我們或許仍可發現某些對於兩者的自身形象同樣重要的相似之處。

與其他宗教進行辯論，有助於澄清各自宗教的信仰立場。對於一個外人而言，宗教比較是概括地認識宗教的一個良好的入門簡介。對於某個特定宗教的信徒而言，它能幫助他們更深刻地理解自身的傳統，以致他們能夠成為一個更好的基督徒、更好的穆斯林，或更好的佛教徒——並且能夠斷定其所屬宗教的限制。

1. 以宗教類型學作為建立宗教概論的一個嘗試

沒有任何宗教能夠從一個外在於我們世界的觀點來觀察其他的宗教，雖則我們曾在那個跨星際宗教研究的虛構故事中構想過這種觀點。然而，即使在我們自身有限的視域中，我們也能採取這些準則以對它們進行區分。所有宗教類型學都是有所偏頗的，然而，我們同時也可以應用不同的類型學以消除諸多的偏見。在此，我們列出五點，第一點是原初宗教（primary religions）與聖典宗教之間的分野。在聖典宗教中，還伴隨著先知式宗教與神祕式宗教之間的分野、以人為本的宗教與以上帝為本的（theocentric）宗教之間的分野、民族宗教與普世宗教之間的分野，以及復和宗教（religions of reconciliation）與救贖宗教之間的分野。第一點的分野是基本的，因為所有宗教都有著相同的原初宗教階層，這在聖典宗教中，既被擴充也受到批判。

第一，原初宗教與聖典宗教。那些屬於文字出現之前的文化的宗教，往往被冠以「原始的」（primitive）這個帶有貶意的形容詞，而從世界各大宗教中被區分出來。這種區分本身便是有所偏頗的，因為非聖典宗教需要依存在聖典宗教之上。聖典宗教透過對現存的宗教習俗提出批判而得以出現，它們不單假設了書寫形式的發現（脫離祖先傳統，並以其他「正典性」記憶來取代它們所必須的條件），還在文字中記錄了他們的所思所感。然而，他們這樣作，乃是建基於「原始宗教」所採用的表達形式之上，因而稱呼那些未有文字之前的人們的宗教為「原初宗教」似乎更為恰當。它們獨特地聖化了這個世界和人類的存在，把世界和人類的本相的事實合理化，並且給予人類一個在世上的家園。這個進程始於一個家族社羣對於生命根源的宗教性解釋。時間被聖化了，作為那個給生命賦予秩序的權能，於日期、月塑、年份和人類生命歷程的更替中顯現自身。空間和大地被聖化了，因為它們讓生命居於其中。神聖的時間與空間讓人能夠歡慶那些以神聖的光芒來圍繞生命的節期。管治社會的種種安排也是如此，它們構成了一種自然秩序，以致除了現有的模樣，我們不可能構想出其他的模樣。各式神祇與這個可被感知的世界具體地關聯：水泉和高山、天雨和暴風、豐饒與戰爭。它們的超越性均有所限制。

聖典宗教的出現，往往都關聯於原初宗教對世界的神聖化所作的宗教性批判。這種批判糅合在這些宗教的神聖文本中（並且啟發著它們的眾多神學家），與此同時，日常生活也使原初宗教的傳統得以保存下來。一些對上帝的理解飽受批判：異教徒的多神論受到一神論宗教猛烈的抨擊，伊斯蘭教徒甚至批評基督教的三一是一種過時的異教的倒退。上帝的形象愈趨超越。只有在這一點上，宗教才成為與這個世界形成對比的某種「全然的他者」。因此，一切過於入世的神明代表都會受到抨擊——最主要是源自猶太教、伊斯蘭教，和反對偶像崇拜的傳統基督教。在崇拜的處境中，對祭牲的依賴加上對公義的忽視，均受到先知們強烈的批判——正如在印度諸宗教、《奧義書》（*the Upanishads*）、佛教和耆那教（Jainism）中，對此也有批判，就是認為獻祭無法拯救人類。在激烈的批判之聲中，現存世界的宗教面紗被揭開了，並且預視著它的滅亡：耶穌及穆罕默德均聲言這個世界會在不久的將來結束。世界本不該是如此的，因而審判正等待著這個世界。印度諸宗教並沒有這樣的終末期望，但也同樣以一種消極而帶有批判性的角度去審視這個世界——這種觀點在佛教中達到了頂峯，它體會到這個世界就像一個牢籠，而構想到救贖就是脫離這個牢籠。最後，那些管理生命的現存律法也受到了批判：妥拉在基督教中受到抨擊，阿拉伯的傳統律法則在伊斯蘭教中受到抨擊。然而，最重要的是，所有宗教皆衍生出一些脫離主流的運動、行腳僧及苦行者。很自然地，原初宗教所有的自滿自信，便受到從分裂的羣體而來的挑戰。施洗約翰言簡意賅地發出這種批判的聲音，他警告那些猶太人不要以為自己是亞伯拉罕的子孫便可感到安心。因此，一切聖典宗教都包含著對宗教的批判。於此，這些聖典宗教便與原初宗教有所分別，原初宗教乃是存留在它們當中，作為宗教經驗與行為的一個基本層次。作為一種帶著宗教批判的宗教，基督教只是眾多宗教的其中之一，那麼，它怎樣從那一類帶有宗教批判的聖典宗教中被分別出來呢？它有甚麼獨特之處？其他宗教類型學可以在這方面為我們帶來幫助。

第二，先知式宗教與神祕式宗教。先知式宗教與神祕式宗教都是對不確定性的一些回應，它們的回應關乎到一切宗教的基本前提：實在是有其意義的。這種意義不再是一種給定之物，而是需要被發現或體會的。這個逼切的問題也同樣浮現於不同世俗環境之間的對話中：實在是否真的有著一份讓我們可以在生命中欣然接受的先存意義？或者，我們有否把這種意義強加在世界之上呢？由於這個可被感知的世界常常看似了無意義，因而所有宗教均意會到現象世界與實在本身之間的分野。只有透過與實在本身的接觸才能賦予我們信，使我們得以回應那些並非由我們創造出來的價值，以及遵從那些並非由我們所建構出來的命令！於此，宗教經驗開啟了兩種可能性：我們從外在接收到一個「呼召」，使我們可以與終極實在有所接觸，那便是先知式宗教的途徑。在先知式宗教中，一些得著神靈啟迪的人們會帶著終極實在的突入而面對著周遭的人羣，給他們帶來一個從日常經驗世界以外而來的信息。然而，我們也可以從一條「內在途徑」去接觸終極實在。在我們的經驗及自我認知背後，我們乃是實在本身的某部分或受造物。那就是神祕式宗教的途徑。這等宗教尋求一份啟蒙（enlightenment），揭示出終極實在乃是我們本來的「家鄉」。神祕式宗教的目標不是要與那位從外而來的「全然的他者」互相對峙，而是要與那位使我們獨立出來的「全然的近者」（wholly near）彼此聯合。這兩個關乎宗教思想與經驗的基本可能性不住的重複出現。在所有的先知式宗教中，我們都找到了一些神祕的層面，諸如猶太教的哈西德主義（Hasidism）、基督教的神祕主義，和伊斯蘭教的蘇菲主義（Sufism）。相反地，在神祕式宗教之中，我們也一而再地遇上了先知運動。不同宗教之間的相遇，幫助我們重新發現及接納一些我們業已遺忘的傳統。舉例來說，東方的神祕宗教讓我們回想到早期基督教與中世紀的神祕主義。即使基督教基本上是一個先知式宗教，卻也曾不斷被賦予「神祕式」的解釋。耶穌是上帝的道，祂雖從外在向我們說話並觸及我們，但這道卻能體現在每一個基督徒之中。因此，在新約聖經中存在著一種合理的基督神祕主義——一種道、意志與羣體的神祕主義。

一種更為連貫的神祕主義出現在新約時代不久之後的早期基督教中，當中最讓人印象深刻的文獻就是那部沒有被收錄為正典的《多馬福音》（*Gospel of Thomas*）。或許它並非被刻意排除在正典之外，因為它與其他多馬的傳統都是發源於敘利亞東部，這是一個與正典形成之處相隔甚遠的地方。不過，就算羅馬及小亞細亞這些「正典」基督教核心地帶的人都對它有所認識，它也會因著其極度的個人主義及淡淡的諾斯底色彩而難以被人的接納。在《多馬福音》中，耶穌的天國信息變成了一個發現真我的信息：所有人都是神聖世界中一點失落的火光；耶穌讓他們回想起那個屬天的家園，並且透過祂的呼召，讓他們發現自己生命核心中那份無限的價值。這份經文以一個給其讀者的應許為開首，指出倘若他們能夠找到耶穌話語中那種隱藏的意義——即神祕的詮釋——他們便能夠得著永生（《多馬福音》一章）。他們必須把它尋找出來，並且在尋索的過程中不至走迷，便會發現當中的阿幾米德支點（Archimedean point）——就是那個獨立的有利位置——於此他們能夠統管一切。這個阿幾米德支點就是內在的自我（《多馬福音》二章）。第二個說法乃是將上帝國有規劃地解釋為內在的自我，與耶穌於路加福音十七章21節的話語相一致：「耶穌說：『如果你們的領導人對你們說：「看，天國在空中」，那麼空中的飛鳥便會走在你們前頭。如果他們對你們說：「天國在海裏」，那麼海裏的游魚就會在你們以先。其實，天國就在你們裏面，也在你們外面。當你們認識自己，你們便會被辨認出來，將會了解到自己就是永生之父的兒子。然而，如果你們不認識自己，你們就會處身在貧困之中，一無所有。』」（《多馬福音》三章）。

我們在此無法對這種關於耶穌話語的結集與詮釋作出詳細討論，然而，有一點卻是需要強調的：它並不包含一些讓人抗拒的諾斯底主義特色，當中沒有一些附加在上帝之上的半神半人的痕迹，也沒有包含那種否定道成肉身的幻影說基督論。無論如何，它都相當適合用以跟東方宗教建立一道橋梁，因為其主題是一種直觀式的洞見，指出內在的自我便等同於上帝國。這番洞見部分是源於對符類福音中耶穌的傳統教導的重新解釋，部分卻是來自一些從未為人所知的耶穌教導（很大程度上是這種神祕式敬虔的精神之下的一些新造詞）。這些部分受到壓制及部分散失了的傳統，應當在今天的聖經教導中為人所知，以展現早期基督教的光譜。或許碰巧地，《多馬福音》中耶穌的言論不時為其他宗教所收錄，例如我們讀到的「耶穌說：『你們要成為過客』」(《多馬福音》四十二章)。這會讓我們聯想到北印度的法特普希克里(Fatehpur Sikri)這座城市的廢墟中一段阿拉伯的碑文，上面寫著：「世界是一道橋梁，越過它，卻不要停留在其上。」

第三，以人為中心的宗教與以上帝為中心的宗教。這兩條與終極實在建立聯繫的途徑，造成了以上帝為中心及以人為中心的各種宗教。在神祕式宗教的核心，乃是人類的個體與啟蒙；而在先知式宗教的核心則是上帝。基督教是其中一個西方宗教，但卻既非純粹的以上帝為中心或以人為中心。它是以基督為本的，其核心乃在於相信上帝在某個人類個體中的真實臨在——作為一個典型，表明上帝意欲透過祂那內存於每個人裏面的靈而臨在。個別的人被上帝的靈所充滿，這靈模塑並轉化人類的意志。那條屬靈道路並沒有引導我們走進自我裏頭那些隱密的深處，而是讓我們向前邁進：個人成為了新造的人。

第四，民族宗教與普世宗教。猶太教與印度教均連結於某個單一民族。而後被擄時期的以色列宗教，卻使以色列成為一個擁有持續發展身分的民族。然而，印度教雖然包含著許多不同的宗教與人種，卻單單由於它們擁有一個共同的、不同於穆斯林和英國人的自我身分，致使他們成為了一個民族國家。在這種理解底下，印度教可以被歸類為一個民族宗教，而一些其他宗教諸如佛教和基督教等卻吸引著來自許多不同民族的信眾，這些宗教乃是宣教式宗教（missionary religions）。這兩類型宗教——民族的與普世的——體現著對救恩的不同理解。在民族宗教中，個人處身於救恩的一種肯定狀況中，重點乃是在於保留這種肯定的狀況。普世宗教卻與此剛剛相反，救恩並不被置於初始狀態之中，而是一個需要被尋求的新狀態。人類急需得著救恩，並必須作出改變。猶太教是一個民族宗教，即使它有其普世主義的特色：它期待世界承認一位獨一的上帝。基督教採納了猶太教的這些普世性傾向，並且建構出一個普世宣教式宗教。在這一點上，它展現了一種消極的人觀，我們在保羅這位外邦人宣教士的教導中遇到了這種消極的人觀。根據保羅的說法，只有藉著一種深邃的轉化，人類才可以得到拯救。他們必須與基督同死，繼而進入一個新生命中。佛教是一個普世宗教，由印度教內部衍生出來。在佛教中，我們同樣觀察到這種強烈的消極人觀：人類的自我乃是一個幻象，個人必須從中釋放出來。

同樣地，早期基督教也站在此門檻之上，需要決定是否仍然依附著一種民族宗教。一個人是否需要成為一個猶太人才可以成為一個基督徒呢？這意味著必須接受一些猶太人身分的標記：遵守割禮和一些飲食規條。其他的人——例如保羅——則希望向所有人種和民族展開一種全新的信仰。於是，我們在新約聖經中便擁有兩種不同的人觀。猶太教是較為強勢的那一種，我們在其中找到了一種積極的人觀：由耶穌所解釋的妥拉是可以被成全的（馬太福音），它不是一項重擔，而是那全備、使人自由的律法（雅一25）。至於在那些由致力於向外邦人宣教的基督教所主導的地方中，我們則發現一種消極的人觀：妥拉是無法被成全的（保羅）。

第五，復和式宗教與救贖式宗教。還有一種類型學，將宗教分為復和式宗教與救贖式宗教。佛教是一種典型的救贖式宗教；除了作為部落宗教外，猶太教也是一個典型的復和式宗教。救贖式宗教透過與世界的分離而尋求救恩，而復和式宗教則透過在這個世界中的相互協作而尋求救恩。

在復和式宗教中，世界是人類言行的中心舞台；這種言行涉及鄰舍，我們渴望能夠與這些鄰舍彼此融洽相處，並且我們實在必須與他們和睦共處。要麼我們一同擁有成功與幸福，要麼就是一無所有。只要那種言行是好的並能夠對社羣給予支持，那麼這言行本身便具有意義，而毋須加上額外的超越性意義以強化之。按著社會的常規，祝福是言行所帶來的結果，而實際上並不是由某些看不見的力量所贈予的一份獎賞。救贖式宗教卻有所不同，在其中，世界並不是言行的目標；相反的，我們必須從這個世界中解脫出來。倫理學是超乎宇宙的。實踐好行為的目的就是要從這個世界中解脫出來。個人並不是為著社羣及其福祉而行事，而只是為了自己在將來得到一個更好的終局。鄰舍的重要性並不在於他們本身，因為那會在當事人身上加諸一些限制束縛。慈悲心乃是佛教其中一個最為重要的德性，是一種不牽動情緒、也不讓人糾纏於其中的愛。

我們毋須為到顯示猶太教是一個經典的復和式宗教而作出詳細的分析。在渴求一個新世界的天啟主義之中，雖然糅合了某些救贖式宗教的元素，但卻仍然包含著一些羣體性元素在內：啟示式的盼望不單尋求個人的救恩，還為到整個社羣尋求一個新的世界。

早期基督教站在一個中間的位置。我們在耶穌身上仍能找到一些復和式宗教的特點，即使當中也洋溢著一種對於上帝國度的終末性期待。然而，在約翰福音中，基督教卻以一種救贖式宗教的形式出現，儘管仁愛思想仍然是最重要的一環，而在當下創造了一個羣體。早期基督教的特色就是這種處於西方先知式宗教與東方神祕式宗教之間的居中立場。按其本源，它完全屬於復和式宗教的傳統。當中那個重視鄰舍羣體的關鍵準則依然存在，但是它卻也呈現了一些救贖式宗教的特徵，例如在《多馬福音》中，羣體的重要性被大大地削弱了，這卷福音書展示了早期基督教並不抗拒那些從相當不同的處境中所得來的經驗。

然而，這種種的類型在在顯示出，東西方宗教的基礎性主題與信念是迥然不同的。難道我們不是在西方諸宗教中發現了一種對這個世界的肯定，又在東方諸宗教中發現對這個世界的否定嗎？但是東方宗教也同樣曉得一種對這個世界的一元論式肯定（monistic affirmation）。假如萬物皆被那種絕對靈性（梵〔Brahman〕）所彌漫的話，那麼所有事物均會被肯定。繼而這個世界會被徹底地克勝。《多馬福音》也包含著這兩種相對的立場。我們有時會發現一種對世界斷言否定的立場：「那些通達世界的人，都曾經發現一具臭皮囊；而那些發現了臭皮囊的人，卻早已超然於世界之上了。」（《多馬福音》五十六章）我們實在難以超越這種否定。與此同時，當中還有一種可算是泛神論的觀念，認為萬事萬物皆被神明所充滿：「耶穌說：『我就是萬物之上的光，我就是一切，一切從我而來，一切回歸於我。劈開一片木材，我在那裏；舉起一塊石頭，你也會在那兒找到我。』」（《多馬福音》七十七章）當我們發現一種脫離世界的渴求時，總也能找到一種確信：相信在世界的任何一處皆可以尋著救贖主。對世界所作的那種「超乎宇宙式」的輕視態度讓人想到了佛教；而對世界所作的泛神論式聖化（pantheistic deification）則讓人想到印度教中的一元論。在基督教中，同樣有著這兩方面的類比。

讓我再重申一遍：所有宗教類型學都不過是一個梗概。然而，在聖典宗教的各種類型中，基督教站於一個中間位置，這卻不會是偶然的事。基督教與聖經的第一部分——舊約聖經——的關聯，清楚地將之表現為一個先知式及以上帝為中心的宗教；而聖經的第二部分——新約聖經——從一開始便將之顯示為一個神祕式及以人為中心的宗教。基督教處身在復和式宗教與救贖式宗教之間的居中位置。我們絕不能將這種中間立場視為特權的標記，恰恰相反，這是將一項獨特的責任加諸在這宗教之上：要在不同的宗教之間建構一道溝通的橋梁，以促進不同信仰之間的對話。這項任務為基督教帶來了一種神學反思的文化，並且在普世合一運動中，累積了應付其自身的內在多元主義的豐富經驗。目前在世界各地，這種對話仍然不被重視。這種對話可以是寬容的，但卻同時背負著各種不寬容的傳統的重擔。

在接繼下來的篇幅中，我們會首先討論聖經傳統如何能有助基督教與兩個西方世界宗教——猶太教和伊斯蘭教——之間的對話。這兩個宗教跟基督教有著非常密切的關係——無論在淵源上及彼此的相互影響之上。接著，我們會談及兩個東方的世界宗教——印度教和佛教，兩者本來都跟基督教並無緊密的接觸，這情況直至現代時期才有所變化。當然，世界上還有許多其他的宗教，但我們只會以這四種宗教作為例子。

2. 猶太教與聖經：舊約聖經

基督教源出於猶太教，而猶太教本是其母親宗教（mother religion）。不少被我們視為在基督事件之上得到落實的基礎聖經主題，都曾經在以色列民的命運中起著作用。我們在這樣的境況中認識到當中大部分的主題：以色列是上帝之子、上帝的人間代表，為著這個真理而作出見證和犧牲；以色列是一個出埃及、悔改與回轉的民族，那些不屬於以色列民族的人也可以藉著猶太人拿撒勒人耶穌而參與在其歷史之中(因而也能分享當中的主題)。我們也大可這樣說，對基督徒而言，耶穌乃是代替性地代表著以色列。藉著祂，基督徒能夠連繫於以色列的歷史。這兩個世紀以來關乎耶穌的歷史鑑別研究所得出的其中一個最為重要的結論，就是指出耶穌乃屬乎兩個宗教的這個事實：在祂的一生中，身為猶太人的祂從沒有懷疑過自身的猶太身分；即使與其他的猶太羣體彼此衝突，祂的傳道工作卻全是在猶太教的處境下建立的。在祂受死以後，祂便成為了基督教的基礎。因此，貶抑耶穌在與猶太教對話中的重要性是無甚意義的，畢竟，乃是耶穌使基督教與猶太教兩者連繫起來——儘管祂並非惟一的連繫。

基督教也藉著希伯來聖經——基督教會稱之為舊約聖經——而與猶太教彼此相關。當基督教指向自身的根源時，便同時指向了另一個宗教。這給基督教帶來了一個機遇。為了顯示聖經在跨信仰對話中的相關性，人們必須學習以雙重歷史的觀點來閱讀舊約聖經——不單以之作為新約聖經的序言，更作為一部蘊含著真實宗教經驗的書籍，這些宗教經驗仍然合法地存留於猶太教及基督教之中。傳統上基督教那種貶低舊約聖經的看法必須被重新修訂。這種對舊約聖經的接納態度，長久以來都是神學的一種特質，但卻還未能成為普及的知識。我們可以構想及討論兩個原則：

1） 舊約聖經除了被新約聖經引用之外，也有著屬於自身的價值。在許多方面，它甚至較新約聖經還優勝一籌。
2） 那些被援引來貶低舊約聖經的理據，也同樣可以應用在新約聖經之上。公平原則要求我們一視同仁。今天，我們必須以一種批判性的態度來應對此兩者。

舊約聖經的獨立價值乃是關乎上帝、世界，和人類——以及當中所反映的那關乎這三者的失敗。[3]

第一，舊約聖經是對一神論的見證。舊約聖經是我們的一神論的基礎文獻。當中的一神論趨近於那在差不多同一時期盛行於希臘哲學家們中間的一神論。不過，為了讓整個民族的平民大眾（不止於少數的知識分子）能夠進入與那位獨一上帝無所不包的對話中，並且盼望有一天所有成員都會進入這種對話之中——那便得有一些獨特之處。那是一種人類所有著的持續的根本性經驗，在新約聖經中並沒有可茲比較的地方。舊約聖經對於上帝的理解，並不能被新約聖經中任何關於上帝的論述所超越。當然，有人可以認為在舊約聖經中這種與上帝的對話，仍然局限於一個民族；而這種受限於某個特定民族的特殊主義必須被超越，而這種情況正正在新約聖經中出現了。然而，新約聖經仍然延續著這種特殊主義。若有任何人要批評舊約聖經中上帝與其子民之間的關係，都必須照樣批評新約聖經中的上帝與其所屬羣體之間的緊密聯繫，即使前者那種讓人歸屬於一個國家或民族的方式，並不同於歸屬羣體的方式：與生俱來的歸屬而不是自由的選擇。不過，這兩種方式都是特殊主義的形式，與獨一上帝的普世主義彼此衝突。在**兩部**約書中對上帝的理解，所指向的都超越了當中的特殊主義。我們仍然在路途之中，朝向一種對上帝真正的普世信仰。

第二，舊約聖經包含了一種認識世界的全面進路。舊約聖經有三方面是較為優勝的：創造、歷史和社會。舊約聖經對於那令人驚訝的創造及萬事萬物的存在所作的表達，較諸新約聖經的表達強而有力得多。只有舊約聖經能發展出一套全面的歷史觀，在其中將一份歷史的責任賦予給人類。各個民族的偉大故事，以一種先於歷史記錄的、詩體的敍事形式反映出來。這顯示出不單是那些君王需要在這歷史中承擔責任，所有國民都當分擔這份責任。這個歷史時常保持著一種隨時出發的準備，離開那片熟悉的家鄉，甘心遠赴他方，盼望著一片全新的樂土。我們能夠清楚地看到，駕馭著這歷史的乃是一份對公義和權力分配的渴求。新約聖經的視域卻較為狹窄，在其中，我們並沒有發現任何關於一個民族或整體人類的文字記錄，當中所有的就只是一些小羣體的文獻。一種具活力的信仰所必須考慮的許多事情，皆付之闕如。只有舊約聖經能突顯出那種社會公義與政權的概念，而超越新約聖經那種只關心教會事務的狹隘眼界。因此，我們可以這麼説，若然沒有舊約聖經，我們便很難構想出信仰的公共語言——它明確地表述信仰對世界的責任。

第三，舊約聖經包含了一種給人深刻印象的人類學語言。舊約聖經中那描述人類經驗的語言，也是較為優越的。在新約聖經中，沒有甚麼能夠與詩篇中所採用的禱告語言可堪比擬。我們在出版新約聖經時總會附上詩篇，顯然不是因為我們把這些詩篇視為理解新約聖經的前提，而是由於沒有更好的經文能夠取代詩篇那種對個人宗教經驗的強烈表述。新約聖經也沒有採納一些情慾語言，就像我們在雅歌的感性語言中所看到的情慾語言。此外，還有傳道書中的悲觀言詞和約伯記中那些因受苦而發出的呼喊。傳道書是我年輕時第一部仔細閱讀的聖經書卷。聖經包含著這樣的一部充滿「虛空」泛音的書卷，聖經才能為我所理解。當然，我們可以正確地指出，只有透過批判性的解釋和選取，我們才能恰當地理解舊約聖經的經文，但對新約聖經而言，這種説法無疑也是正確的。然而，假若缺少舊約聖經，個人對基督信仰的表達將會顯得枯竭無力。

第四，舊約聖經超越失敗。舊約聖經把其與上帝的關係、與世界的關係，及與自身的關係解釋為一段失敗的歷史。然而，新約聖經也同樣是一段失敗的歷史：上帝國並沒有降臨，上主的第二次降臨也沒有發生。倘若沒有舊約聖經作為背景，我們根本無法恰當地處理這些失敗的經驗。二十世紀最偉大的新約聖經學者布特曼把舊約聖經解釋為一段失敗的歷史，實在較諸今天許多釋經家所提出的解釋更為正確。在閱讀他的理論時，我所倚仗的乃是頗為不同的背景。我也受到雅斯培（Karl Jasper）很大的影響，他給**失敗**這個詞彙賦予了一個正面的含義，只有當生命遭遇失敗、心生疑惑之時，我們才能通向絕對者。倘若舊約聖經具一定形式的，描述著那些以災難告終並且不斷出現的失敗，它所表達的便是一個關於我們生命與上帝及人類之間關係的真相。我們倒不如問：我們在新約聖經中能否找到一種類近的能力以描述、承認及配置失敗呢？答案是肯定的：豎立在新約聖經中心位置的就是十字架，而十字架所代表的盼望，就歷史而言，乃是一個已然失敗的盼望。上帝的國度並沒有降臨，基督的第二次再來也沒有發生。藉著舊約聖經的幫助，我們能夠更好的克服這些失敗的經驗。

要理解舊約聖經，我們必須明白新約聖經只是選擇性地吸納舊約聖經。以下的思考測驗可以清楚的闡明這一點：假如我們只有新約聖經，我們對於先知會有甚麼認識呢？我們幾乎只會把他們視為彌賽亞盼望的預告者。我們都知道以利亞和以利沙曾經行過神蹟(路四25及下)。然而,我們卻會對他們所提出的社會批判,以及他們為著爭取公義而作出的抗爭,一無所知。把舊約聖經併入新約聖經之中,其實是對猶太聖經的片面摘錄,並在早期基督教信仰的亮光中將之重新解釋。然而,第一代基督徒那種閱讀和解釋舊約聖經的方法,到了今天仍然有其指導性的作用。他們帶著批判性的眼光去閱讀舊約聖經,並將之奉為聖經,但卻沒有持守當中的所有誡命(例如強制性的割禮和飲食律例)。這裏,我們得到了一個結合著對宗教傳統的尊重,以及樂於自由地對待宗教傳統的模型;這是一個處理所有神學及宗教傳統——包括新約聖經——的模型。倘若我們因著少數備受批評的經文,而輕視舊約聖經中基礎的神學價值的話,我們便會損失一個展示出如何忠於某個宗教傳統、同時又提出批判的模型。

我們姑且不論第一代基督徒對待其聖經時那種自由的處理方式,其實相比起他們所明確表示的,他們與舊約聖經有著更為緊密的聯繫。他們同樣接受一神論的定理及當中所有的基礎主題,因為他們處身在一種延續舊約聖經文獻的傳統中,這種傳統深刻地模塑著他們。他們與猶太人一起分享著同樣的歷史解釋結構、同樣的世界、同樣的人性;他們相信創造、相信在創造中上帝那隱藏的智慧、相信神蹟的發生、相信悔改回轉的可能,還有更多更多。他們與猶太人的惟一分別,在於他們認為這一切的主題都具體地顯現在耶穌這個人物身上。他們的第二個核心信念——相信救贖主——也使他們從猶太教中分離出來。這種對救贖的相信有著巨大的影響力，尤其當這道救恩大門向外邦人開啟以後。

當猶太人改信基督教之後，他們仍然留守在自己的傳統中。他們如此作，只因他們相信自己終於找到了真正的猶太教。然而，外邦人卻要離開本身的宗教。因此，他們在成為基督徒之前的生命都必須顯得「較為黑暗」，並且是在錯誤中的一種迷失。他們要回轉，便要在生命中有著一種較為徹底的轉變。因此，一方面，我們在早期基督教中找到了一種關乎自然階段的人性的深度悲觀主義；另一方面，我們也尋著了一種關乎救贖的更大的「樂觀主義」，就是每個人都可以靠著從聖靈而來的信而得著內在的更新。這兩項元素相輔相成：人類學的悲觀主義和對救贖的徹底確信。

猶太人對這兩方面均有不同的看法。跟人類學的悲觀主義有所不同的是，他們樂於接受一種對人性較為「樂觀」的聖經觀點，相信上帝創造人類是為了成就妥拉，人們有能力履行上帝的誡命。猶太基督徒分享著這種人性觀。我們在馬太福音和雅各書中看到了這種觀點。根據馬太福音的說法，我們可以遵行律法——尤其是指在耶穌所作的那種極富人情味的解釋之下的律法（太五 17 及下，十一 28 及下）。然而，保羅卻認為，按著天性而言，人類根本無法成就律法(羅七7及下)，他們必須從「肉體的」(*sarkic*；自然的)存有被救贖和轉化為「靈性的」(*pneumatic*)存有。猶太人卻根據另一些理由，拒絕接受這種關乎救贖的樂觀信念：基督徒將救贖的開端看為當下的內在轉化，但猶太人卻問到：若世界已被救贖的話，將會有著甚麼變化。這個世界仍然未得到救贖，彌賽亞還未到來。在這一點上，猶太人能夠表達出一種深邃的悲觀思想，正如在一世紀末期的《以斯得拉二書》(*2 Esdras*)中所散發的思想一樣。猶太教始終是一個復和式宗教；而基督教卻發展為一個救贖式宗教。

不過，這卻並不代表著猶太人與基督徒之間那界定性的差異。早期基督教包含了一種「復和式宗教」的傳統。而在猶太教的傳統中，我們卻發現一些救贖式宗教的傾向。在耶穌被高舉為與獨一上帝擁有同等地位的神明之前，這兩個宗教的分離還未成氣候。因此，初期基督徒疏解了那種一神論的邏輯矛盾：獨一上帝的全能怎能與人類的苦難與自由和諧並存？他們在上帝當中認出了一位受苦的上帝之子。上帝親自承當了人類的苦擔，因而確保苦難是可以被克勝的。而他們也同樣將神聖的地位賦予給那充滿人並讓人得自由的聖靈，使其充滿在人類當中，並且釋放了他們。即使在新約聖經中的三一教義只是以簡單的公式化表述所顯示(例如：馬太福音二十八章19節中給門徒施洗的訓令)，這教義也是新約聖經一個自然發展的結果。猶太人卻始終謹守著他們的一神論。

傳統上，猶太教和基督教那界定性的差異，一直以來都可見諸於那種將猶太教視為一個律法的宗教，並將基督教視為一個恩典的宗教的描述。對猶太教有極大好感的新約聖經學者耶利米雅斯（Joachim Jeremias），在比較猶太拉比對葡萄園雇工這個比喻的看法時，找到了這種差異：「在耶穌的比喻中，那羣最後被雇用的工人沒有甚麼資格可以要求得到整天的工錢，他們得到如此待遇完全是基於雇主的一顆良善心懷。因此，在這個看似瑣碎的細節中，卻存在著兩個不同的世界：功績的世界和恩典的世界；律法與福音形成對比。」[4] 然而，若我們參考一些猶太拉比的相關文獻，卻會得出一個截然不同的結論。假如我們以獎賞的隱喻作為起始點的話，我們便會得出兩個完全不同的解釋：獎賞可以作為恰如其分的報酬（「公平的薪酬」）或是不勞而穫的賞錢（「謝禮」）。第一種解釋的例子是利未記二十六章9節的「遵守誡命者的福祉」（*Sifra Behukkotai*）。在這個比喻中，以色列在萬國中擁有其特權地位，原因在於她對上帝有著一份特別的委身：

> 「我要眷顧你們。」（利二十六9）他們講述了一個比喻，當中的主角是個怎樣的人呢？就像一個國王，他雇用了許多工人，其中一個服事了他很久。一天，雇工們來領取他們的報酬，這個工人

> 也在其中。國王對這個工人說:「我兒,我要眷顧你。那大多數只付出了少許勞力的工人,我自會給予他們少許的待遇。但是我卻要在將來給你預留一份極大的賞賜。」因此,以色列會在這個世界中祈求上帝給予賞賜,而世上的萬國〔也同樣〕祈求上帝給予她們獎賞。上帝對以色列說:「我的眾兒女,我要眷顧你們。世上的萬國只曾為我付出少許的勞力,我自會給予它們少許的獎賞。但是我卻要在將來給你預留一份極大的賞賜。」因此當中寫道:「我要眷顧你們。」(利二十六9)

但是另一個比喻卻淡化了這種論功行賞的原則(論申命記二十二章6節的《大申命記》〔*Deuteronomy Rabbah*(*Ki Tetse*);六章2節〕:

> 同樣地:「她不走生命的坦途」(箴五6;譯按:譯文取自《現代中文譯本修訂版》)。拉比卡漢拿(R. Abba bar Kahana)說:「那位蒙福的、神聖獨一的上帝說:『不要坐著細想妥拉的誡命……』不要說:『因為這條誡命如斯偉大,我自會遵從,為了得著極大的賞賜;因為這條誡命微不足道,我不會遵從它。』」那位蒙福的、神聖獨一的上帝

會怎麼做呢？祂不會讓其受造物曉得各條誡命的相關賞賜，以致他們全在〔對於賞賜〕一無所知的情況下履行每一條誡命，正如當中寫道：「她的路變遷不定，自己還不知道。」(箴五6)當中的角色與誰人相像呢？就像一位雇用了一些工人的國王，他隨即把工人帶到自己的果園中，卻沒有向他們陳明他們將會得到甚麼報酬，以致他們不會忽視一些低報酬的工作而〔只〕顧那些高回報的工作。到了黃昏時分，他召來了一個工人，向他說：「你在哪一棵樹下工作？那是一棵漆椒樹，工錢是一枚金幣。」接著他又召來了另一個工人，向他說：「你在哪一棵樹下工作？」工人對國王說：「在這一棵樹下。」國王回答說：「那是一株檳榔樹，工錢是半枚金幣。」他再召來了另一個工人，向他說：「你在哪一棵樹下工作？」工人對國王說：「在這一棵樹下。」國王回答說：「那是一株橄欖樹，工錢是二百個小錢。」他們對國王說：「難道你不該預先告訴我們，讓我們知道哪棵樹的待遇較高，好叫我們選擇在那兒工作嗎？」國王對他們說，倘若我預先告訴了你們，我整個果園的每一棵樹都會得到栽植嗎？

相關的拉比文獻甚至還提及上帝對罪人的恩惠，於此，關乎上帝恩典的視象較諸馬太福音二十章1至16節，顯得更為徹底（《米大示詩篇》〔*Midrash Psalms*, 3.3.19a〕論及但以理書九章9節）：

> 按照世界的習俗，〔假如〕一個工人忠心耿耿地替雇主辦事而得到雇主所給予的報酬，他該得到怎樣的酬謝呢？這份酬謝該持續至甚麼時候？當我們沒有盡心盡意地為他辦事的時候，他卻沒有留下獎賞不給我們。因此這樣寫道：「主——我們的上帝啊，雖然我們背叛了你，你仍然憐憫我們，寬恕我們。」（但九9；譯按：譯文取自《現代中文譯本修訂版》）拉比羅曼尼（R. Shmuel bar Nahmani）說：「你們曾否見過那些背叛國王的人仍會得著食物的供應呢？」拉比約拿單（R. Jonathan）說：「經上記著：『他們在何烈山造了牛犢』（詩一〇六19），儘管如此，嗎哪還是降了下來。」

耶穌的比喻能夠自然地置於這些拉比的比喻的光譜之中。在這些比喻中，其中一個比喻其所顯示關於恩典的徹底視象，甚至超越耶穌的比喻。雖然如此，耶穌的比喻仍然有其自身的特色，這不單在於它有一個更為複雜的敘事結構——獨特的場景、不同的雇工羣體，和一個糾纏於葡萄園主與雇工之間的主管——而且它所運用的獎賞隱喻也更為複雜。公義（太二十4）直接與上帝的慷慨形成對比（二十14～15）。因此，隱喻中這兩個層面——它們在拉比材料中看似各不相干——如今卻被放置在一起。耶穌的比喻把其關切點轉移至人際關係之上：

> 在拉比的比喻中，所有的以色列人經常站在那些誠實的雇工（相對於外邦人而言）或失敗的雇工的其中一方，而耶穌卻把其猶太聽眾作出區分。那些致力於成就上帝旨意的人（例如法利賽人）獲得了屬於他們的賞賜，但他們也同時被要求以「一雙寬宏的眼睛」去回應上帝那份對待不太完美的人（例如稅吏和妓女）的恩慈，而不要學像那些滿口牢騷的工人。

實在清楚不過：將猶太教與基督教分別開來的，並不是對律法或恩典的強調，因為猶太教和基督教都同樣熟知上帝的恩典。在耶穌的比喻及拉比的比喻中，藉著相同的敍事材料得到不同的實現，這點就可以得到頗清晰的說明。

3. 伊斯蘭教與聖經：《可蘭經》中的上帝與耶穌

儘管，基督教分享著很大部分的猶太教聖經，並且基督教本身便是從猶太教所衍生出來的，基督教與猶太教卻同時成為了背後的兩股力量，使伊斯蘭教出現。回顧摩西、眾先知和耶穌，伊斯蘭教可以把自身視為他們的圓滿實現。穆罕默德將自己視為最後的一位先知：是耶穌所曾預告那位會引導人們明白一切真理的聖靈（約十六 13），以及「眾先知的封印」——在他以後便再不會有其他的先知出現。穆罕默德採納了不少聖經傳統。《可蘭經》中的一些相關經文乃是聖經教導的豐富資源，基督徒能夠從中學懂一些關乎他們的一神信仰，以及他們怎樣理解耶穌與人類的基礎問題。

伊斯蘭教對上帝的理解。穆罕默德信奉一種始終如一的一神論，與猶太教的一神論非常相似——除了一點，就是後者始終連繫於某個特定民族，而伊斯蘭教卻把自己開放給所有民族。伊斯蘭教與基督教共同分享著這種普世性，但卻拒絕接受基督教的三一信仰。伊斯蘭教徒認為，基督徒在這一點上犯下了一條大罪，就是相信上帝需要伙伴（*shirk*）。《可蘭經》一至二章是穆斯林常用的基礎信經，表明了伊斯蘭教那種反對三一的上帝觀：「你說：祂是安拉（Allah），獨一的、永恆的。祂不生，也不被生，沒有可以與祂比擬的。」（譯按：譯文取自中國伊斯蘭教學者王靜齋的譯本）對於部分的穆斯林而言，獨一上帝的信仰被視為發展純正上帝信仰的過程中的高峯；這一點是可以理解的。伊斯蘭教成功地解通了那個本為一神論所惡化的神義論問題，而毋須在以下三個神學所一直試圖選取的立場中信奉任何一個：把邪惡的責任過分地歸咎於上帝、人類，或邪靈。

1) 伊斯蘭教的人觀不是悲觀的，它並沒有為了對罪惡作出解釋而誇大人類的罪惡意識，彷彿世間上的一切惡事皆源自人類的罪。耶穌那種為著和解而作出的犧牲與受死因而是多此一舉的。當上帝創造人類之時，他們便已接受神聖的「指引」。即使伊斯蘭教信仰對於人類的軟弱和罪性也是極為敏銳的，但人類卻沒有墮落到無可救藥的地步。人類誠然是不忠和軟弱的，但是只有魔鬼（撒但）才會完全喪失盼望。伊斯蘭教拒絕接受代贖的觀念，可參《可蘭經》三十九章 7 節：「負重擔的人不能負擔旁人的負擔。」（譯按：譯文取自王靜齋的譯本）
2) 惡魔並不會構成一個獨立的實在。伊斯蘭教不會製造出一個魔化的世界來承擔一切惡事的責任。在《可蘭經》中，惡魔（*diabolos*）變成了魔鬼（*Iblis*），牠不過是一個反叛上帝的墮落天使，並不擁有如上帝一樣的獨立權能。
3) 與基督徒的看法相反，穆斯林沒有把上帝妖魔化。《可蘭經》中那些關於獨斷地預定個人的得救或滅亡的經文被細意檢視，而最終被視為上帝對人類行為的回應。上帝是全能和慈悲為懷的，祂不是一位暴君。

這種一神觀念是怎樣形成的呢？我們於此面對著兩個伊斯蘭教信仰的特色。一方面在於**伊斯蘭教**本身，服從於那位深不可測及掌管一切的上帝。人類儘管遇上各式各樣的艱難，也要對上帝投以無限的信靠。在伊斯蘭教世界中，每天都有大羣百姓活出從這種單純的信仰而來的力量，這配得其他宗教的讚譽。另一方面，在於一種比猶太教及基督教的精神特質更為堅定的**伊斯蘭教的精神特質**。上帝被這種更為「實在論的」精神特質所估量。聖經的上帝因著對某人某事的憎惡而採用武力，造成了彌漫在整部聖經中的一種矛盾，這樣的情況並沒有糅合進伊斯蘭教徒對於上帝的理解中。我們在舊約聖經中所尋著的聖戰傳統得著更新，但是猶太基督教（Judeo-Christian）所理解的殉道，與伊斯蘭教對此的理解卻有著非常顯著的不同：在猶太教和基督教中，殉道者情願選擇死亡也不會放棄他們的信仰。他們受到暴力苦待，但卻永不行使暴力。然而在伊斯蘭教中，殉道者就是那些投身於那些對抗不信者的戰爭的人。在模塑伊斯蘭教徒對上帝及人類的理解上，拒絕行使武力只是扮演著一個較不起眼的角色，這無疑令到伊斯蘭教的精神特質較諸猶太基督教的精神特質更加接近真實人生的實況，不然，兩者便會有許多共通之處。這種更為「堅定」的倫理準則減低了上帝的慈愛與其全能之間的張力，當中所剩餘的張力亦被人對上帝的信靠與順服所克服了。伊斯蘭教對於上帝的理解，相對於基督教而言，更能顯出上帝恩威並施。正正是這個原因，伊斯蘭教的精神特質實在值得我們認識，它沒有基督教中那種過度的利他要求——這給那些無法達成這種要求的人造成一種深深的罪咎感。而這種分別也倒過來解釋了伊斯蘭教對耶穌的理解中的一些特色。

伊斯蘭教正確地把耶穌看為一位帶著以上帝為中心的信息的先知。穆罕默德所接受的那種對耶穌的看法，乃是受著其自身的宗教經驗所模塑。對他而言，耶穌及其門徒均是穆斯林的典範。耶穌乃是作為一位被上帝差派的先知而向人宣講。他醫好瞎眼的、治愈患痲瘋的，還叫死者復生（《可蘭經》五章 110 節）。他的信息都是以上帝為中心的：「當爾撒〔耶穌〕發現各種異迹的時候，他就說：『我現給你們智慧了；我為你們解明你們所爭議的一部分。你們當畏懼安拉，當順從我。』」（《可蘭經》四十三章 63 至 64 節；譯按：譯文取自王靜齋的譯本）

耶穌自己就是活出穆斯林的德性的一個具體典範：禱告、救濟，以及孝敬母親。他對馬利亞說：「他說：『我確是安拉的僕人，他確已賜給我天啟，並使我成為一位先知。他使我不論在哪裏都享受天福，並命令我在有生之年作禮拜、納天課。他教我對我的母親孝敬，而不使我遭受橫逆或不幸。因此在我生的那天，在我死的那天和在我復活的那天，我都是平安的！』」(《可蘭經》十九章30至33節；譯按：譯文取自王靜齋的譯本)耶穌認同在他之前及之後的一連串啟示：「以色列的後裔啊！我確是真主派來教化你們的使者，祂派我來證實在我之前的《妥拉》，並且以在我之後誕生的使者，名叫艾哈默德的，向你們報喜。」(《可蘭經》六十一章6節；譯按：譯文取自中國伊斯蘭教學者馬堅的譯本)

不過，伊斯蘭教也保留了一位其出生及死亡皆是奇妙不凡的人的信息。穆罕默德不單引用耶穌的教訓，更引述耶穌的一生，特別是其生命的開首與結束。穆罕默德既接受童貞女生子，也接受耶穌在其世上的職事完成後，升天而與上帝同在。

耶穌是馬利亞之子，他在馬利亞的子宮中被上帝所創造。他為童女所生並不表示他為上帝所生，與此恰恰相反：上帝藉著祂的靈和話語創造了耶穌。因此，基督可以被稱為道，或邏各斯，卻沒有被等同於上帝——像約翰福音的前言所提及的那樣。在《可蘭經》四章中，耶穌被稱為道，特意告誡基督徒那種把耶穌神聖化的做法：「有經的人啊！你們不要在你們的宗教上誇張過當。除了真理之外，也不要談論有關安拉的任何事。馬利亞的兒子彌賽亞·耶穌，只不過是安拉的一位使者。那是由於他對馬利亞所說的一句話和採自他的靈感。所以，你們應當信仰安拉和祂的使者們。你們不要說：『三位』。」(《可蘭經》四章 171 節；譯按：譯文取自仝道章的譯本）上帝那創造性力量也活現在耶穌身上，從次經那耶穌的童年故事中（《多馬福音》二章 2 至 4 節），穆罕默德借用了講述耶穌如何以泥土造成雀鳥，並且給牠們吹入生息的傳說（《可蘭經》三章 49 節，五章 110 節）。這基本上是真實的：「安拉無須有子（那對於祂是不適宜的）。光榮歸主！當祂決定一事時，祂只需說『有』，它就有了。」（《可蘭經》十九章 35 節；譯按：譯文取自仝道章的譯本）

耶穌遇著一些反對他的人，被人指控祂使用巫術（《可蘭經》五章 110 節，六十一章 6 節）。猶太人想要殺害祂，但卻找來另一個人替代祂被釘十字架：「他們沒有殺死他，也沒有把他釘死在十字架上，但他們不明白這件事的真相。為爾撒〔耶穌〕而爭論的人，對於他的被殺害，確是在迷惑之中。他們對於這件事，毫無認識，不過根據猜想罷了。他們沒能確實地殺死他。不然，真主已把他擢升到自己那裏。真主是萬能的，是至睿的。」（《可蘭經》四章 157 至 158 節；譯按：譯文取自馬堅的譯本）穆罕默德在此處可能借用了一個諾斯底的傳統說法，認為古利奈人西門與耶穌倒轉了，上十字架的是他而不是耶穌。誠然，我們也可以想像到，穆罕默德曾經接觸過關乎耶穌之死的一些後期理論，這些理論指出基督雖然確實死了，但是他的軀體卻沒有受到傷害或腐爛。這或許錯誤地向穆罕默德暗示到，耶穌並沒有死去。不論是哪一種說法，穆罕默德都企圖把耶穌置於一切受苦、屈辱與軟弱之上。然而，在其他地方，他卻提及耶穌的死亡，當中所指的可能是一種自然的死亡。他在耶穌的死亡中看不出任何救贖意義，因為這種解釋會跟他的人觀和關於救恩的思想背道而馳。藉著祂的指引，上帝給予每個人獲得救恩的機會，而毋須某人為著世界的罪孽而死才能成就救恩。穆罕默德拒絕接受耶穌代贖受死的思想，而那極可能是一種後復活事件的基督論概念。只有在復活事件以後，門徒才能夠把耶穌不單視作上帝國度的最後一位先知（首次的具體實現），更將祂視作那位為著世人罪孽而受死的救世主，因此，他們才能克服十字架這件令人驚愕難過的事情。

只有在復活事件之後，保羅才按著其自身的經驗而發展出一套悲觀的人觀，這導引出一份對十字架更為深入的理解，也帶出了一種使救贖盡顯光芒的人觀。這便是伊斯蘭教與基督教出現分歧之所在。基督教（在大多數情況下）對於上帝與人類之間的鴻溝會有著較為悲觀的看法，因而需要以克勝罪惡來成就救贖。簡而言之，基督教必須制訂一位接近於上帝的人來克服所有使人類與上帝分隔的距離。在穆斯林的眼中，這便犯下了相信「上帝需要伙伴」這條大罪，脫離了嚴格的一神論。雖然上帝的臨近與疏遠之間的張力同樣模塑著這兩個宗教，但基督教卻仍然與伊斯蘭教有所不同，前者認為罪人與上帝之間有著一段更為遙遠的距離，而那些得救的人卻與上帝顯得更為親近。

當穆罕默德把耶穌描述為一位先知和上帝的使者，並且稱呼耶穌的門徒為穆斯林之時（《可蘭經》三章52節，五章111節）；當他提及耶穌曾受教於聖書之時（《可蘭經》三章48節）；當他把「不要背棄獨一真主的信仰而轉信三位神明的勸誡」當作是耶穌所提出的教訓之時（《可蘭經》四章171節），耶穌的信息就是穆罕默德自己的信息。作為最後的一位先知，穆罕默德在耶穌的信息被埋藏在基督徒當中之後，更新了這些信息。他認為基督徒漠視了耶穌的警告而建構出一套「高階基督論」，把耶穌置於上帝身旁。在早期基督教中，存在著一些不信奉「高階基督論」的猶太基督徒羣體。對他們而言，耶穌只是一個人。這種猶太基督教的傳統有否留存至穆罕默德的時代呢？然而，穆罕默德確信童女生子這一點，但有許多猶太基督徒卻拒絕接受它，他們相信耶穌為約瑟與馬利亞所生。但是，俄利根（Origen）既認識一些承認童女生子的猶太基督徒（《反駁克里索書》〔*Contra Celsus*〕, 5.611），也認識當中一些拒絕接受這種觀點的人（《路加福音講章》〔*Homiliae in Lucam*〕, 17）。由此可見，穆罕默德很可能按著自身的經驗而閱讀一些關於耶穌的猶太基督教傳統，而他的看法正正受到這些傳統所進一步強化。這種解釋是未能確定的。當他發展其對耶穌的理解時，他可能在沒有參考一些現有傳統的情況下，正確地理解耶穌的信息：他是以上帝為中心的。耶穌宣講上帝的國度而不是他的國度，他那上帝國度信息是徹頭徹尾的一神論。內藏於獨一上帝信仰的應許——惟獨上帝統治萬有——最終必會如實發生。

伊斯蘭教徒能夠在聖經宗教中找到一種相對的真理。雖然在穆斯林的眼中，基督徒犯下了相信「上帝需要伙伴」這條大罪，但伊斯蘭教徒卻仍然能夠對猶太人和基督徒表示寬容。這份寬容的限度在於基督徒和猶太人或會歸信伊斯蘭教，但是穆斯林卻不可倒轉過來歸信基督教或猶太教。聖典宗教的信徒可以生活在伊斯蘭教國家中，但卻只能成為其中的二等公民。這種伊斯蘭教的有限度寬容，可以從馬太福音二十章 1 至 16 節這段經文中得到闡明。這種經文也出現在伊斯蘭教的傳統中，當中指出了這三個聖典宗教之間的關係：

> 上帝的使者說：你們和那些在你們之前擁有那兩部聖書的人〔猶太人和基督徒〕一樣，都像是一個受聘作雇工的人。他說：「誰願意為著一個吉拉特（*qirat*）替我從清晨工作至午間時分呢？」猶太人幹了。接著他說：「誰願意為著一個吉拉特替我從正午工作至下午時分呢？」基督徒幹了。跟著他又說：「誰願意為著兩個吉拉特替我從下午工作至黃昏時分呢？」你們幹了。如今那些猶太人和基督徒惡狠狠地說：「我們幹了較多的活兒，卻只得較少的工錢。」上帝說：「我有欺騙你

> 們嗎？」他們回答說：「沒有。」接著上帝說：「這是我的賞金……，我愛給誰就給誰。」[5]

當我們將這段經文與馬太福音二十章1至16節作出比較，便會發現在伊斯蘭教的版本中，並不是所有雇工都得到相同的報酬，而是最後的那批人得到了雙倍的酬勞，儘管他們只工作了一段較短的時間。雖然伊斯蘭教徒得著了較為優厚的待遇，但卻同時全然肯定其他宗教的功勞。上帝給予猶太人和基督徒他們所曾賺取的東西，而穆斯林卻只是完成別人已經著手去幹的事情。這個比喻清楚地表達了伊斯蘭教徒那種高人一等的觀念，但它也受到了一種共性意識的制衡：猶太人、基督徒和穆斯林均在上帝的同一個葡萄園中工作，他們幹著同一樣的活兒，那贈予穆斯林的特殊待遇純粹是恩典。他們那額外的賞賜是一份平白得來的賞金，是他們從沒有要求過的。猶太人和基督徒不那麼受歡迎，並不是由於他們的工作（宗教）毫無價值，而是由於他們惱恨穆斯林之故。他們無法單純地認同上帝曾經自由地向穆斯林顯出祂的特別恩典及恩待，正如那個最後在其葡萄園中工作的人所接受的一樣。耶穌也批評其他人所提出的抱怨，但在其比喻中，引發敵意的乃是那一視同仁的待遇。

耶穌並沒有想及不同的宗教。不過，早期基督教卻可能早已把這個比喻應用在猶太人、猶太基督徒和外邦基督徒身上。這起碼是一個解釋馬太福音二十章 1 至 16 節的共同傳統：甚至這卷福音書的作者，也可能是以這種理解來解釋這段經文。藉著基督教傳統的幫助（按照一種被伊斯蘭教徒所接納的基督教傳統來閱讀），我們可以多走一步：難道不是所有宗教都必須承認，上帝有以同樣方式來對待他們的自由嗎？難道不是每一個人都當學曉接納他人的不同而毋須變得情緒低落嗎？難道不是所有人都得讚賞別人所作的「善功」，而滿足於自己擁有同等的「獎賞」嗎？

聖經把猶太教、伊斯蘭教和基督教連繫在一起，任何對這些宗教之間的對話感到興趣的人，均有著一股研究聖經的動力，願意根據猶太教及伊斯蘭教對此解釋的新目光來閱讀聖經。然而，那些東方的神祕式宗教又怎麼樣呢？它們只是到了近代才認識聖經。此外，那些神祕式宗教的架構也與西方的宗教截然不同。跟這些神祕式宗教的相遇，能否帶來豐碩的成果呢？我們已經看到，在所有的聖經宗教中均潛藏著一道神祕主義的溪流，這道溪流差不多從一開始便已存在於基督教之中。早於二世紀，基督教便面對著一種神祕主義式的再詮釋，那就是諾斯底主義。這類型的神祕主義有否使基督教較諸其他聖經宗教更能接近東方諸宗教呢？

4. 印度教與聖經：不殺生與非暴力

印度教是一個統稱，當中包含大量原屬於印度次大陸的諸宗教。印度教徒的身分只是用來將自身與那些外來的統治者作區分：最初是伊斯蘭教勢力，繼而是英國的管治。在英國管治底下，印度教與基督教影響力之間的衝突，導致了印度教的復興。羅摩克里希納（Ramakrishna；1834～1886年）本身是這個更新運動的一個中堅分子，他有一種關乎基督的視象。一八九三年，他的弟子維韋卡南達（Vivekananda）在芝加哥（Chicago）舉行的世界宗教會議（World Parliament of Religions）中發表演說，其信息乃是指出一切宗教都是真實的，而印度就是一切宗教之母。最令基督教世界印象深刻的要算是甘地（Mahatma Gandhi；1869～1948年），因為他糅合了古代印度的**不殺生**（ahimsa）傳統，以及登山寶訓所囑咐的非暴力，因而創建了「非暴力抵抗」的觀念。

古代印度**不殺生**的精神特質乃是源於對動物祭牲的批判，以及輪迴的觀念：假如動物內有著一些因輪迴而藏著牠們身上的人類靈魂的話，那麼牠們便絕對不能夠受到傷害。在耆那教和佛教這兩個衍生自印度教的禁慾運動中，這種精神特質經歷了進一步的發展，但是它也同樣存在於印度教之中。當然，對於神聖生命的深深尊崇並不等同於非暴力抵抗。這種倫理觀念是否由於甘地與登山寶訓的相遇而發展出來的呢？

這個理由很值得懷疑。登山寶訓清楚地表明禁止抵抗：「只是我告訴你們，不要與惡人作對。」（太五39）甘地應該曾經讀過這段經文。在其他方面也一樣，他是有選擇性地閱讀登山寶訓的。他沒有理會發誓的禁令。對他來說，自我許諾、誓言和起誓，均是爭取自由的一些重要工具。那麼，他是否只是很表面地應用登山寶訓呢？或許他只是以此來移除英國基督徒敵人手中，那些讓他們得著合法性的資源，好使他們感到窘迫。或者，在他忽略基督教的解釋傳統時，他將自己對第五個反論的閱讀，當為要作出非暴力抵抗的呼召；在其中，他是否發現了一些真相——不是根據歷史鑑別學的釋經原則，而是按照他的實際處境，而在當中需要他作出對抗和抵禦呢？我們沒有足夠空間去詳細討論這一切的問題。我相信甘地只是直覺地得出這種恰當的閱讀。登山寶訓的非暴力，期望敵人能改變心懷。然而，這種解釋卻未能成為人們的共識。

在登山寶訓的第五個反論中，馬太給出了四個不作抵抗的具體例子，這些例子乃是關乎當下的個人處境（給人打了一記耳光而不回手）、法律處境（扣押衣裳）、行使政治權力（強逼他人勞動），和經濟處境（慈惠與借貸）。最後一個勸喻打斷了整個思路：「有求你的，就給他；有向你借貸的，不可推辭。」（太五 42）這是向那些沒有犯上任何錯誤，而只被告知要善待他人的人而說的。一份無償的禮物或許也會造成一份責任，而一項貸款也能使人有所要求。這個例子所顯示的，不單是忍受別人的行為，而是更要建立一份在將來的責任。

第五個反論在主題上與第一個反論相關，它關乎對個人所有的侵略性（內在憤怒）的克服。這兩個反論可以互為說明。在具體的實例中，馬太以此來解釋他的第一個反論，個人需要為著其他人的行為而負責。假如在你獻祭之時，你想起有「弟兄〔或姊妹〕向你懷怨，就把禮物留在壇前，先去同弟兄〔或姊妹〕和好，然後來獻禮物」（太五 23～24）。倘若馬太福音五章 23 至 24 節乃是關乎影響別人的行為的話，第五個反論也是如此。那個認為第五個反論中的人們是懦弱無能的指控，全然是一種誤解。在借貸的例子中，這也是全然不真實的。在首個反論的最後一個例子中也同樣假定了這種情況：一個在往法院途中的人，他既害怕會因債務問題而被囚入獄，就當把握還在路途之時便與其指控者修補關係，從而影響指控者的行為。

根據最後那個反論的說法，放棄暴力乃是愛仇敵和效法上帝（*imitatio Dei*）的一種方式。當上帝使日頭普照惡人與好人時，並不代表上帝認同那些惡人所做的惡事，也不代表那些仿效上帝的人應當認同其他人所作的不公義行為。

登山寶訓所鼓吹的，乃是一種「弔詭式的干預」（paradoxical intervention）。在心理治療方面，這種干預包括使病徵（當事人的問題）加劇而讓人得以康復。舉例來說，當當事人埋怨世界是何等糟糕之時，治療師便會把世界描繪得更為黑暗一點，以致當事人最終會對治療師的那幅圖畫提出反駁，好叫他能夠從那種悲傷消極的外殼中擺脫出來。同樣地，他應當引發更多的粗暴行為來回應其他人的暴行，以便阻止暴行的遞增。由於巴勒斯坦人曾經有過一些以消極非暴力手段對抗羅馬人的成功故事，因此，登山寶訓的第三個反論極有可能是渴望在這種暴力的對峙中，也能毋須採取以暴易暴的方式而帶來一種轉變。這仍不算是現代調解矛盾策略之中一種非暴力的政治抗爭，而較近似於一種逆來順受的方式。甘地有否直覺地發現一個真理呢？這個真理有否使他較諸不少釋經家更能貼近登山寶訓的歷史信息呢？

除了這一切之外，我們還必須顧及那些從印度教觀點來審視耶穌的其他不同解釋背景。猶太教與伊斯蘭教以一種線性的歷史觀來審視耶穌，當中會問及哪兒才是啟示的高峯：當基督徒相信耶穌代表著這種在歷史中的高峯，即上帝在一瞬間便把自己毫無保留地啟示出來之時，猶太人還在等待著歷史高峯的一刻。穆斯林則相信耶穌只屬於一個預備階段，前瞻著穆罕默德在啟示中的高峯。然而，甘地卻以一種相當不同的方式來理解耶穌。對甘地來說，歷史是永恆真理的循環往復，他並不關心到底歷史上有沒有一位被歷史的耶穌，就如他也不太關心那位印度神明羅摩（Rama）到底是否真實存在一樣。與他們相關的傳統，所信奉的乃是一種無始也無終的真理，那才是最重要的。甘地無法理解信仰與歷史之間的關聯，其印度教背景使他非常熟悉這種歷史的獨立性。但有一些證據顯示，他的思想也受到神智學（theosophy）的影響而得到強化。神智學是一種現代的宗教思潮，糅合了佛教關乎輪迴的理論，乃是他身處倫敦之時所遇上的，這或許就如古代印度傳統一樣，對於其寬容政治立場的塑造有著具大的影響力。此外，他的教導可以被視為普世及國際性的智慧傳統的一部分。

這個傳統同樣出現在聖經之中。登山寶訓以其對暴力和復仇的拒絕，而跟那存在於所有民族的智慧傳統產生共鳴。登山寶訓使自身成為目標導向（goal-oriented）歷史觀的一部分，因為其中所要求的便是進入上帝國的條件，亦即是一些標誌著那步向歷史終點之途的命令。故此，一道包括了諸如金律（Golden Rule；太七 12）的永恆普世命令是最引人注目的。所以，甘地認為許多傳統的信息都趨向相同的目標：提倡非暴力的印度教傳統、深奧難懂的神智學、基督教的登山寶訓，和一種普世的智慧傳統等等，都提出了要設法避免復仇並自我克制，以作為應對生活中的艱難險阻的方式。於此，我們能夠發現一種存在於具體情況中的普遍性。在一種最為根本及基本的倫理學中，存在著一些普遍的趨向。探求它們並不會給不同信仰之間的對話帶來太大的幫助，但我們卻不可以低估這些普遍性特質的價值。倘若真存在著一種「世界精神特質」的話，這些傳統將會是其中的一部分。然而，與佛教的相遇使我們直接面對著一些與所有人類行為原則相違背的事情，而這些事情是我們必須認真地處理的。

5. 佛教與聖經：以反對達爾文主義為共同特性？

佛教與早期基督教之間，似乎較諸基督教與印度教之間有著更大的距離。最初我們只清楚的看到兩者的相異之處，後來卻漸漸發現這兩個宗教同樣源自一位創教者，同樣受著一位歷史人物所塑造。誠然，最早關於佛陀（他卒於公元前約 420 ~ 350 年間）的文獻乃是在其圓寂後百多年後才出現的，甚至較阿育王（Asoka；約公元前 268 ~ 236 / 232 年）的碑文還來得要晚。最早關於佛陀的見證記述，見於他圓寂以後的一百多年。然而，當中並沒有出現過對其歷史性的質疑，就像耶穌的歷史性從沒有在基督教中成為問題一樣。這是可以理解的，因為這對於宗教而言實在是無關痛癢的，要緊的是他的教導及當中所帶來的開導。這番教導被歸納為四個關於苦難的真諦、它的因緣、它的了結，以及那條指向終結苦難的法道。因此，為了合理地對耶穌和佛陀作出比較，我們可以問到：他們如何回應苦難？他們如何理解那脫離苦難的救贖呢？

自身的解脫及其轉化：對苦難的回應。任何閱讀過耶穌那些醫治神蹟的記述的人，都難免會為到當中的人對神蹟那些天真單純的反應而感到困惑。然而，他們卻表達了一種願意活下去的根本性意願，以之對抗一切的苦難和窮乏。他們鞏固了歷世歷代的人的這份意願，即使患上不治之症的人也不會放棄。門徒受委派去醫治病人。這些神蹟故事包含了一種對物競天擇這原則的反動，這原則要把那些有瑕疵的生命置諸死地（和滅絕），好讓那些優質品種能夠繁衍倍增。這些神蹟故事擾亂了這場苦澀的生存競賽，顯示到有充足的糧食可以填滿五千人的肚腹。那些引發衝突與戰爭的生活物質必須品，乃是足夠讓所有人一起享用的。這個神蹟主題——西方先知式宗教的其中一個基礎信念——宣告了一個反達爾文主義的信息。

我們在佛教中找到了一種非常不同的方式，以反抗物競天擇的原則，這與基督教相關，只因它也算是一種反抗。這種反抗乃是由佛陀流浪四方的故事所陳明出來的。佛陀本是一位王子，他深居皇宮之中，被重重奢華的事物所包圍，以致無法看清人間的真相。在他首次坐著雙輪馬車出遊時，遇到了一位被遺棄在森林中的老人，「像一根無用的柴枝被丟在一旁」。過不多久，佛陀便乘著他的雙輪馬車返回皇宮，試圖以縱情聲色來揮掉那種令人不安的景象。在第二次出遊中，他遇上了一個病人，那人「呼吸困難、四肢無力、機能衰敗、手腳枯乾、身體腫脹、瀕臨死亡，躺臥在自己的糞堆中」。他再次返回皇宮，但今回卻連縱情聲色的興趣也沒有了。後來他第三次出遊，遇上了一列殯葬隊伍，列隊人士均在號啕大哭，好不淒涼。他們搥著胸膛，把灰塵撒在頭上。佛陀再度轉身離開，但這次他卻沉思著如何可以在這等苦況中釋放出來。在最後的一次出遊中，他遇上了一位托缽僧人，那時他頓然醒悟過來，決定丟棄一切感官的享樂，而要學像那位僧侶一樣過著一種自制的生活，以無家的乞丐的生活方式來尋求「內在的平安」——脫離情慾與憎恨。在他與人類困苦的相遇中，他聽到了神聖的呼召，因而無法繼續以往的生活了。

佛陀對苦難的回應，相比於耶穌的回應顯得更具哲理性並更為高尚。耶穌以一些用以防止惡事發生的神祕技巧和方法來醫治病患者，雖然那些神蹟故事只會略略談到這些技巧和方法，因而不會遮蔽故事的核心重點——對困境與苦難的抵抗。佛陀的回應卻與此恰恰相反，由始至終，其特徵都是退卻及迴避。起初他躲進自己的皇宮中，讓自己能擺脫任何形式的苦難。最終，他找到了一個更佳的避難所，就是他那不受苦難侵擾的內宮。他不住的找尋一個能免除一切苦難的地方。耶穌卻選擇了一些積極的、極為進取的回應，他希望能夠消除苦難，但他自己卻陷在苦難之中：他痛苦地死去。這兩種態度表明了那主宰著兩種不同文化的視野。然而，這兩種態度也各自體現在其他的文化之中。西方歷史相當熟悉那種擺脫人間苦難，並進入以默觀和靜修為重點的修道主義中。而佛教則普遍傾向於那種普渡眾生的悲天憫人之心懷。然而，前者的基本主題是要消除苦難，後者則是要尋找一片永無苦難的樂土。

耶穌與佛陀這兩個故事所間接表達的內容，也同樣合理化地在這兩個傳統之中被闡述。根據佛教的教導，那份擺脫苦難的內在自由，只有在看破苦難之因乃是在於求生之時才得以達至。這種渴求使眾生皆活在矛盾之中。對存有的肯定為我們帶來苦難，即使沒有災禍臨頭，即使沒有罪咎纏身。因此，要獲得那份脫離苦難的自由，說到底，就是要看破個人生命的幻象。只有在自我「消散無蹤」及如燈熄滅之時，自我才能從苦難中得著釋放。

這與自救完全相反，而更像是把自己從自我中拯救出來，乃是一份全然得著啟蒙的禮物。新約聖經中有一些類似於克服自我的經文，當中提及一種更高層次的自我生命，而不是把生命消亡。「若有人要跟從我，就當捨己，背起他的十字架來跟從我。因為，凡要救自己生命的，必喪掉生命；凡為我和福音喪掉生命的，必救了生命。」（可八 34～36）事實上，這段經文也講及那種渴望能夠從自身得著釋放的自由，但卻只是為了獲得一種更為高階的生命形式，而不是為了脫離那種對生命的渴求。保羅也說著同樣的一番話：「我因律法，就向律法死了，叫我可以向上帝**活著**。我已經與基督同釘十字架，現在活著的不再是我，乃是基督在我裏面**活著**」（加二 19～20）。這裏的信息也一樣，目的是要克服舊我，好叫自己能夠得著一個更高層次的生命：基督在我裏面**活著**。對生命的渴求被一個更高層次的生命所滿足了，而不是給征服了。

我們不應讓這種分別掩蓋了它們之間相似的一面。佛教有著一種領悟到眾生皆苦的世界觀，每件事情總會引起不同類型的痛苦，當中的原因乃是在於那癡戀世間事物的生命渴求，這促使我們投身於這場大型的生命競賽遊戲中，我們在其中或是不讓別人受苦，或是代替別人受苦，又或是造成別人受苦。佛教的救贖之道就是要探索那條讓人擺脱這種存在境況的道路——中止生命競賽與物競天擇所必然造成苦難的那種存在狀態。基督教也回應著這種相同的求生慾望，但卻不是要脱離這個世界的遊戲，而是盼望這個打著競爭與物競天擇旗號的實在能夠得著改變，以致可以在毋須犧牲他人的情況下也能夠讓生命得以延續。在奮力減輕痛苦的過程中，基督教比佛教提供了更多的啟發思維，它嘗試重構這個世界。然而，當我們仔細審視佛教那種克服苦難的目標，我們便能清楚的看到，佛教所提倡的這種克服苦難的安靜法門自有其內在的高尚情操。

涅槃與上帝國：佛教與早期基督教的救贖觀。對於耶穌及早期基督教而言，征服苦難就是期盼著一次轟天動地的宇宙性轉化：上帝國的降臨就是一神論的一次戲劇性表現。上帝國就是上帝最終執掌一切權柄的狀況。上帝的掌權，對於那些患病的、軟弱的、失喪的、被遺棄的、受到社會所非難的，以及寄居的人來説，的確是一份恩惠。一個肯定生命的永恆旨意戰勝了一切障礙，並建立了公義，以致那些生命曾經遭受蒙騙的人最終能夠討回生命。聖經中那位獨一的上帝——那股倫理力量的無限中心——將會克勝整個世界，抹乾一切的眼淚。那份渴望上帝國早日降臨的期盼沒有實現，並已告粉碎。在整個歷史的進程中，這份期盼總是那麼的不堪一擊。

然而，沒有甚麼可以駁倒佛教徒對於救贖的期望。透過泯滅自我而在涅槃中超然物外，這是我們的西方宗教中畏避三舍的那種事情——消失於虛無之中——的一次有效而正面的重新解釋。其實涅槃不是一種虛無，它是不滅和不變的，就像一個空蕩蕩的地方。它不能被破壞，既近在咫尺，又遙不可及。它和平如水——自存、永恆、不朽。它既非任何一物，但同時卻是一件散發著福氣的事物。我們可以用上不少時間以否定神學（*theologia negativa*）的方法——那就是描述對象的**不是**——來描繪它。重點在於：涅槃不存在任何內容，因為任何具體的內容都意味著受苦。即使是意識與意識所指向的事物之間的區別，也會標誌著分歧與限制。因此，涅槃是一種甚至無法被經驗得到的幸福——而那可能是最極至的一種幸福。

或許我們可以如此理解兩者的相異之處：在期盼著上帝國之時，獨一上帝那極其重要的永恆權能戰勝了一切敵擋生命的勢力，不管它們潛藏在人心之中（如罪性），還是威脅著這個世界（如魔鬼）。然而，涅槃卻是要從這種造成苦難的重要權能中全然地釋放出來。雖則如此，這兩種觀念卻併合了起來。保羅說到了末時，上帝會成為萬有之主（林前十五 28）。假如這個形象可以被理解為一種終末的泛神論的話，那麼到了末時，上帝便會成為獨一的實在，滲透及包容了萬事萬物。那時只有一位上帝，僅此而已，那些關乎樂園令人愉悅而逼真的描繪將會消失無蹤，而那些關乎地獄的叫人害怕而真實的想像也會蕩然無存。藉著這條道路，我們會來到一個完全一體的實在，就像涅槃一樣，破壞一切企圖對它作出具體描述的思緒。思想匯聚不等於思想一致，卻是一個理解的媒介：倘若佛教和基督教都認真地禁止採用形象的話，那麼，佛教的涅槃觀念便能與基督教的救贖盼望糅合在一起。在死亡之中，我們存有的本性並不能以一個形象或隱喻，或任何超過我們所能締造的上帝形象來表述。只有上帝會臨到基督徒身上，此外便別無一物。與佛教的這番對話，能否幫助基督徒接受一種超越人格化表達形式的理解呢？這種理解卻是不少基督徒一直所持守的信念。

宗教是在歷史進程中充分發展的建構物，並不能被一些武斷的思想所動搖改變。如果它們失卻了自己的身分，便會失去推動力。因此，來自不同宗教信仰的人士相聚在一起，情況通常就如德國作家胡希（H. D. Hüsch）所謂的：只是單純地傳遞「一些短暫的宗教時尚或形而上的噱頭」。但是，在反抗物競天擇和始終不肯認同生命中苦苦掙扎的實況上，佛教和基督教所展示出來的這份密切聯繫，卻可能豐富彼此之間的內容。或者，我得小心謹慎地指出：在以順應生命來抵抗苦難的這一點上，我認為基督教是較具說服力的；而在接納死亡作為一切苦難的終結的這一點上，我卻傾向佛教的說法。涅槃是上帝的一個幽暗側影，卻可在霎時間變得通明。佛陀與耶穌——其追隨者都相信他們已開闢了這條得救之道。

在佛教的情況中也是一樣，我們只能研究它在今天對於聖經的接收情況。我會把自己規限在個人經驗的一個例子中。在一九七〇年代末期，我認識了日籍心理治療師渡邊雄三（Yuzo Watanabe）。他本是一位佛教徒，當他治療那些精神病患者時，他認識到新約聖經。在耶穌其中一個比喻中，他尋著了一個明確而具解放性的真理。後來他成為了一位基督徒（就一個非常籠統的意義而言），並且創辦了「耶穌好友社羣」（Community of the Friends of Jesus）。為了致力研究那個他已找到的真理，他便著手研讀宗教和新約釋經。到底那是怎麼樣的真理呢？他察覺到在自己及病者裏頭，經常不自覺地出現一種對自我評價的恐懼，驅使他們千方百計地以自己所擁有的任何物事，來讓自己比別人得到更正面的評價。他在葡萄園雇工的比喻（太二十1～16）中找到了解決這個基本性問題的方法。這個比喻講述到一位園主給予所有雇工同等的報酬，而不管他們完成了多少工作。透過這個比喻，他看到人們無法以自己的成就、一種預設準則，或是與他人作出比較來斷定自己的價值。

這個比喻呼喚我們離開那條以成就作自我評價的道路，並且欣然接受耶穌對我們的接納就是一份終極的接納。渡邊雄三將那種克服自尊的相對性使命，並那對缺乏安全感的問題的疏解，視為所有宗教的一個核心使命。

根據他自身的經驗，他只認識到解決這個問題的兩個一致方法：佛教的方法和基督教的方法。我可以承認自己確是「一無是處」，我這個人只是一個幻象，而我所致力追尋的幸福不過是苦難及對生命的渴求。因此，佛教克服了對自尊的一切懷疑；我可以相信自己已經擁有一份絕對的價值。在另一個情況中，我同樣可以擺脱那一切對自尊的懷疑，這可見諸於耶穌信息。渡邊雄三所發現的困難，乃是在於耶穌所説到關於最終審判的那些內容。有些時候，他情願採用歷史鑑別學的方法將之標籤為虛構的言論。對於我們而言，當中的重點在於，他把一種基本差異擱在一旁，而發現到在佛教與基督教之間一些共通的事情。相信世界完全是一個幻象的信仰（佛教），與相信世界是一個被造出來的、讓受造物暫居其中的真實地方的信仰，兩者似乎水火不容。然而，這兩種信仰卻都是一些對個人作出絕對肯定的方法。

6. 聖經與一種多元宗教理論

對聖經的那種跨信仰閱讀所作的討論中，我們假定了閱讀聖經是甚有價值的。然而，年輕一輩的人或會問我們：為甚麼我們應當勤加研讀聖經，更甚於閱讀《塔木德》（*Talmud*）和《可蘭經》呢？揀選聖經到底有甚麼理由？在教會中不會對這個問題有所爭論。在教會中，聖經提供了一個與上帝對話的機會，以致閱讀聖經具備了「絕對的價值」。然而，一種對於聖經的公開研讀卻希望有局外人的參與。當我們對這些外來者說話時，我們是否滿足於那種建基於各種文化因素，關乎聖經研讀的一種綜合性論據呢？聖經是我們文化的其中一個基礎，影響著許多的人，因而必須為人所認識與理解。即使不把聖經看為超然於所有書籍，我相信仍然有許多極佳的理由要去閱讀這本書籍。

雖然如此，聖典宗教之間仍然存在著一種矛盾，就是爭論到底誰才擁有那個可以向局外人作出指引的真理。假如我們注目於那些不同的方法，繼而作出一番合理推論，而認為基督教和聖經具有其優越之處的話，我們也必須公平地歸結出，其他宗教也擁有同樣合法的理由，以對他們自身信仰的優越性賦予一些類似的論據。一個人如何作出決定，取決於其自身的宗教信仰。然而，對於局外人來說，重要的是他能夠掌握及明白這些不同的決定，以致能夠理解不同宗教的自我概念。我選擇了三種論據模式，在接續下來的篇幅中逐一介紹：基督教作為**發展**進程的高峯、作為不同宗教的一個**綜合體**，或作為一個對於終局的**期盼**。然後，我會表明自己的立場。

甚麼宗教才是宗教歷史發展的高峯呢？假如我們認同以黑格爾（Georg Friedrich Wilhelm Hegel）為代表人物的德國唯心論（German Idealism），並將歷史理解為上帝的一種自我實現，而那位在世界中遭受異化的上帝，再次在人性中意識到自己的神性；那麼，基督教便是這種作為對神性的一部分那增進自我意識的進程的高峯。於此，我們（在約翰福音中）找到了神性與人性合而為一的思想（約十33）。對於那些以這類範疇思考的人而言，基督教（至少是其西方核心）乃是一個絕對的宗教，並且是整個諸宗教歷史的終點。只有哲學能夠超然於它，因為哲學把基督徒所相信的東西概念化為一個觀念。

為了試驗這個方法，讓我們對伊斯蘭教作出審視。單單由於伊斯蘭教是最後出現的一個聖典宗教，它便能合理地被宣稱為過往所有宗教的最高峯。它可以作出以下的論證：在猶太教中，對那位獨一上帝的信仰始終限制在一個單一民族之內；在基督教中，這種信仰卻開放予萬國萬民，但當中的代價是把耶穌奉為神明而融入了異教信仰。在猶太教中，普世主義還未完全發展；在基督教中，一神論卻被模糊化了。最終，便要留待伊斯蘭教把猶太教的嚴格一神論及基督教的普世主義糅合起來。只有在伊斯蘭教中，每一個剩下的異教徒（在形式上連繫於上帝的其他神聖形象）才會被徹底征服。穆罕默德是一切先知的那個「封印」，是宗教歷史發展所不能踰越的高峯。由於基督教同樣處於撤回其「高階基督論」的過程中——部分原因在於我們對歷史耶穌所有的知識，部分在於那種自發出現對耶穌這個人物的崇拜——我們在此找到了一種導向伊斯蘭教的聚合性發展。

第二條進路問及到底一個宗教能否被理解為其他宗教的一個綜合體。特洛爾奇（Ernst Troeltsch）說出了如下的論點：所有宗教皆分辨出一個日常世界和一個超然世界。我們可以按著它們有多能引領其追隨者進入那個超然世界，而對之作出評價。猶太教和伊斯蘭教這等先知式的律法宗教，把人類作出個別處理，促使他們面對著一個絕對的要求。它們的限制在於需要人們靠自己的努力去進入那個超然的世界。佛教和印度教這等救贖宗教，認為從現世轉往他世之途乃是在於人們內在的頓悟。歸根究底，這是一種自救，但是它們主要的限制卻在於沒有先知式宗教那種個人化的效果。只有基督教能兼收兩者：一種糅合了兩類宗教的正面元素的先知式救贖宗教。信徒在其中因著純然的恩典而得以超越自己！

讓我們再次檢視這個斷言。按著印度教的內部結構而言，它認為自己最適合成為一切宗教的綜合體。在印度的眾多神祇背後，我們可以看到一位純一的神祇，祂既包含了一神論及泛神論，也具備了先知式及奧祕式的宗教形式。祂只需把其自身的綜合力量套用在各個宗教之上。維韋卡南達就是以這種精神出現在一八九三年於芝加哥舉行的世界宗教會議中，他聲稱所有宗教均為真實，而印度便是所有宗教之母。

第三條進路對宗教的評價，乃是根據這些宗教如何期盼整個歷史的發展，以致它們能夠把自己的歷史本性糅合在其自我概念之中。潘寧博（Wolfhart Pannenberg）認為就這方面而言，猶太教與基督教較勝人一籌：兩者都意識到自己的歷史本性，並同時展示出一種整全的歷史觀。對基督徒來説，耶穌是認識所有歷史的關鍵。歷史就像一篇尚未寫成的文章。只有當我們讀畢整篇文章，才能對文章有所了解。然而，在基督裏，我們卻將終末期盼為從死人中復活。耶穌就是那個「預表」，在其中已顯明了有一天那將會實現在所有人身上的實在：復活與生命。

我們也同樣可以檢視這番斷言。任何相信歷史終結並不是永恆生命，而是融會在涅槃中的人，都必須為著自己擁有那條解開歷史大門的鑰匙——假設歷史無法脱離其終局而得著理解——而歸功於佛教。一個人藉著冥想而於此時此刻觸及涅槃，並且預期萬事萬物都會朝著這個終局進發。當然，這種認為歷史有其終局與目標的看法，跟佛教那種循環觀念相去甚遠。涅槃是輪迴那種徒然循環的完結，而不是一個線性歷史的終局。

讓我在這兒把我的觀點勾勒出來，然而，這不過是一個提案。我相信應當有兩個著手處理宗教的方法。第一，它們必須從**倫理的**角度，「憑著他們的果子」（太七16、20）而被認識和判斷；第二，它們必須從**宗教的**角度獲得人們對其信仰的尊重，即使這些信仰內容看似不太為我們所熟悉。反達爾文主義的文化理論給予我們那個倫理的準則，藉此我們可以對它們作出判定；而異族性的詮釋學

（hermeneutics of alienity）也賦予我們一份能力，以對那些與我們不同之處表達尊重。此外，各個宗教都不應為了遷就其他宗教而放棄它們的核心信念；為著自己及他人，它們時刻都有著一種重新解釋其核心信念的責任。為著他人的需要而對之作出的解釋，不論對自己或他人都是有益無損的。然而，在倫理學的範疇中，各宗教之間必須尋求它們所共有的東西，因為它們都得與其他宗教彼此合作。

首先，對於所有宗教的倫理評價。我相信一切宗教都對那減弱物競天擇的力量的任務有所貢獻。文化的出現，就是要在那些無法讓生命得以延續的自然環境中讓人類存活過來：弱者得到尚存的機會，那是在於由倫理所推動的行為的結果，並且由科技所促成。尼采早已看到在憐憫之情中存在著一種針對物競天擇的抗衡性力量（「慈悲心懷阻撓著進化論的整套法則，那是物競天擇的法則。它保存著一切本已準備銷毀的生命」）。他藉此譴責物競天擇的法則和基督教：在上帝的國度中，那些貧窮人、病患者、捱饑者和兒童真正地成為了當家作主的人。早期基督教的神蹟故事反對那種對生存機會的自然分配，而給予那些活在生命邊緣的人一個新機會。耶穌的倫理學打斷了整個歷史中進化論的行為傾向：在生物進化論中，我們發現了家族的團結性（那就是幫助及支援那些與自己有血緣關係的人），伴隨著對於那些非我族類的人的一番侵略。耶穌把這項原則倒轉過來：他要求其追隨者與家人脫離關係，並且關愛自己的敵人。於此，他跨越了新舊世界的門檻，也跨越了生物與文化進化論的門檻。

在巴勒斯坦中，這並不是第一次的跨越之舉。這種對門檻的跨越彌漫著整個歷史之中。然而，在古代巴勒斯坦的天啟主義中卻出現了一種觀念，認為歷史乃是被不同的過渡階段所標記：在但以理書七章，那些野獸的國度被一個像人類的國度所取締。初期基督徒在耶穌身上看到了這種人子的形象，並且看到了從那個野獸統治的萬古時代過渡至一個更具人性的世界。他們認為這種過渡發生在他們的日子中，也發生在每一個其行為擺脫了以前進化階段的物競天擇原則的人身上。把綿羊和山羊分開的最後審判觀念，或會讓人感到過時和有點殘忍，但它卻反映了那種操控著一切生命的物競天擇原則所造成的壓力。萬物皆被迫去適應那整體的實在，而人類的生命卻無法滿足這種壓力所帶來的要求。

恰恰相反，恩典的宣告與罪的赦免破除了物競天擇所造成的壓力。與這種進化論解釋相類似，耶穌的十字架與復活成為了基督教的中心信息。進化論在生存機會的不平等分配之中發生——最終藉著死亡來為新生品種騰出空間。當死亡被克服以後，物競天擇的原則也被克服了。當一個被釘於十字架上的失敗者成為了生命的泉源時，處於生物性實在中的進化論便已走到盡頭。假如減輕物競天擇所造成的壓力，是所有文明的祕密計劃，那麼耶穌便處於當中那隱藏的中心。

以耶穌作為起始點，我們發現到在其他宗教也同樣抵禦著這種物競天擇所造成的壓力。這種抗禦是猶太教的一個重要元素。上帝揀選了以色列這個細小的民族，她遭受著列強環伺的威脅而注定敗亡。伊斯蘭教宣告上帝的慈悲。東方的各個救贖式宗教採取非暴力（不殺生）的手段去規限那種種為求生存而出現的鬥爭。佛教強烈地反對達爾文主義。然而，當中的重點是，我們在這一切宗教之中發現了一場競賽，決定著到底是那些宗教力量得以推動起對物競天擇的現象的克服，還是強化了掙扎求存的情況？在那些跟隨著這道呼召進入新世界中的人，與那些仍受舊有世界所奴役的人之間，貫穿著一條看不見的界線。在他們所有人當中，有一項真理是始終不變的：被召的人多，選上的人少（太二十二 14）。

以倫理準則來給一切宗教所作出的評定，是一種對共同特性的探索。與此相反，以宗教準則所作出的評定，卻意味著鼓勵它們發展及保留自己的獨特性質。每個宗教均有其獨特的貢獻，有助於推動與超越性的對話。基督教的獨特性質是對三一上帝的信仰。我相信這種對於上帝的理解，乃是必然地產生自聖經中對上帝的理解的矛盾之處。在舊約聖經中，獨一上帝是個決定一切的實在。上帝讓一切事物出現與流逝，而不管事物的好與壞。所有「西方宗教」都分享著這種信念。然而，這卻引申出兩個問題：現世苦難的問題和人類自由的問題。

三一上帝的信仰源於處理這些問題的努力嘗試。其他一神論宗教或會拒絕接受基督教的答案，但是基督徒卻有責任在猶太教徒及伊斯蘭教徒面前解釋他們自己的信仰：只有那位在基督裏全然親近的上帝，才能在我們面對苦難之時給予我們帶來那位超越的上帝。只有聖靈才能在我們面對全能上帝的當兒給我們自由。聖靈代表著基督教內裏神祕主義的一點火光，拒絕接受這點火光將會磨蝕基督教那有助於信徒欣然接納其神祕宗教色彩的一面。當基督徒把這個靈與基督連繫起來，而不把祂視作早已內存於人裏頭的一種潛能之時，他們便是確信人類的那種歷史轉化。與上帝契合不表示脫離歷史，而是成為歷史的一部分，上帝自從創世那天開始便已一直在這歷史中作工。簡言之，三一上帝的信仰便是基督教的獨特性質。西方宗教與基督教一同信奉創造主上帝；東方宗教則與基督教一同信奉聖靈。然而，對耶穌基督的相信，卻從兩者之中分別出來。假如在耶穌身上出現了一種邁向超越性的突破發展，那麼，基督徒便有責任為祂作見證。他們能夠如此作，卻仍可相信在其他地方尚有一些邁向超越性的突破事件。任何相信人類不該倒退回基督事件發生之前的人都是一位基督徒。

這能否成為宗教間對話的一道公式呢？就著人類間的關係而言，所有人都得服從同樣的倫理準則；而就著與超越性的關係而言，所有人都當尊重自己那獨特的宗教特質。各個宗教能否在「求同存異」的態度下融洽相處呢？這道公式不會結束那種關乎真理的爭論；然而，這種爭辯卻會遵從著一些規則，而這些規則無疑地將會經歷一次又一次的修訂。

這會在哪兒丟下我們呢？於此，形象比抽象觀念為佳。讓我們想像一下，到了歷世歷代的盡頭，那「天上的知識學府」需要負責從一切典籍和傳統中選取一些被認為是永恆皆真的東西。假如我們相信聖經的核心屬於這部「永恆正典」的話，我們便得確認它為一部神聖的典籍。這部正典沒有理由不包含其他宗教的文獻。我們不知道這些是甚麼文獻，但卻應當持守開放的態度，接納在這部正典中或會發現不少其他宗教的文獻，也當接受它或許並不包納整本聖經的可能！這些神聖的學者所採用的一個準則——或許不是惟一的準則——可能就是這些文獻在反對達爾文主義的精神上有多大的付出。

我們只能討論三數個在跨信仰處境中的學習方向。他們都當清楚明白這等學習的目的是要保存對話中的人的自我身分。跨信仰的對話只有在所有參與者都尊重及持守自身及他人身分的情況下，才會得到成果。基督論在最初看來像是這種對話中的一塊絆腳石，但它卻一定不能被否定，因它乃是基督教身分的一部分。倘若我們能夠運用基督論以找出一些欣賞其他宗教的途徑，我們便得以把自己與其他宗教之間的對話植根於基督教身分的核心之中，並且較諸「移除基督信仰的菱角」的做法獲得更進一步的成效。

然而，這種對話的開放性卻需要一種針對不同宗教基礎結構——它們的隱藏語法——的感悟力來作進一步的推展。相比起對這種語法作出重構，它往往更易於為直覺所掌握。這份感悟力能夠幫助我們時時刻刻的看出在那些明顯的相異之處背後，隱伏著在基礎信仰中的共識。在西方的先知式宗教中，這看來頗為容易。除了關乎一神論的基本信念外，我們也找到了相同的基本主題，而不論它們是以何種不同的形式被表述：神蹟、智慧、更新、信仰、審判——這一切均出現在猶太教、伊斯蘭教和基督教之中。與東方奧祕式宗教的對話，卻欠缺了這些主題。我們找到了與它們相關的一些類比，但是這些類比卻埋藏在一種對世界的解釋中——這種對世界的解釋只能作為諾斯底及神祕主義式逆流而顯露在先知式宗教中。

更為重要的，乃是要接受那些截然相反的系統，也可以包含著與反達爾文主義進路相同的基本立場。我相信所有宗教的象徵符號與形象均摸索著那個從生物進化論踏向文化進化論的門檻。在東方的奧祕式救贖宗教中，這個進程被解釋為藉著救贖而對世界的一種撇棄；在西方的先知式復和宗教中，它卻被解釋為透過復和而對世界的一種圓滿實現。然而，在這些整體的解釋的框架中，我們發現了許多關乎基礎主題的類比：悔改、贖罪和回轉，這些都仿如東方宗教中的頓悟；愛與憐憫仿如慈悲；智慧仿如看破世間幻象本質的一雙慧眼；信仰仿如對靈性大師的委身；地位逆轉仿如脱離社會的隱修生活方式，諸如此類。倘若我們越過了各個宗教的面相來探索它們的隱藏語法的話，我們便能辨認出我們內裏那種他性的相異層面，而免於將之同化。然而，對於他性的肯定是否可能的呢？是否可以在不用逼使那些傳統宗教放棄它們所宣稱的絕對真理下，而達至這種對於他性的肯定呢？在基督教世界中，一直存在著這種可能性的一些相關經驗：大公對話（ecumenical dialogue）。在這方面，天主教經常重申它的絕對斷言，而這些斷言卻滲入了一些具體的實踐行動。我們現在轉向這種對話。

三　在不同認信間對話中的聖經

對於不同信仰之間的對話，基督教有著其寶貴的經驗：大公對話，當中有著一種處理那些幾乎無法解決的矛盾的傳統，以及對於那在面對陳舊的絕對真理的宣稱時所產生的困擾有著高度的忍耐。同樣地，在基督教世界中，長久以來都似乎無法叫那段充滿誤解、憎恨與戰爭的歷史，變為一段對話與體諒的歷史。然而，聖經卻在這種轉化中擔綱了重要的角色，所有宗派與信仰羣體均訴諸聖經，分享著它的前提與基本主題。這是它們共性意識的基礎，也同時對它們的差異作出認可。因此，在一個存在著不同認信的多元世界中，聖經的研究與教導會以一種顧及不同教會與宗派那不同的解釋的方法來解讀聖經。相反地，聖經必須被人以其整全的內在多元主義來提出教導，這種內在多元主義甚至較基督教會與社羣的多樣性顯得更為重要。它的多樣性説明了基督教內部那些橫跨了教會的傳統界限的各種運動：解放神學與基要主義、婦女神學、猶太教—基督教對話，這一切都反映了聖經所蘊藏著的豐富資源。

在聖經當中，我們從族長的故事裏得到了與鄰舍和平共存的印象，並且在佔領迦南的記載裏發現了軍事征服的意識形態；我們在點滴生活的世俗智慧旁邊找到了一種以聖殿為中心的敬虔思想；我們找到對權勢提出抗議的先知呼聲，以及在那種以法院為中心的自我吹捧的意識形態；我們遇上了傳道書的悲觀思想，也碰見了雅歌的情慾主義。不少人都被這種多元性所深深吸引，他們放棄了對聖經內容作出歸納的嘗試，以免違背它那豐富多姿的色彩。

惟有停止採用這種相信一個文本只有一種意思的解釋進路，這些豐富多姿的色彩才能夠得以伸延。今天，我們較為容易接納各式各樣的閱讀材料，而因著解釋某個文本而造成的詮釋學內部論爭已不再成為問題。假如我們能夠帶點説服力地向當前的讀者説明為甚麼新教徒與天主教徒、信義宗信徒與東正教徒、浸信宗信徒與循道宗信徒，還有摩門教徒、新使徒教會信徒（New Apostolics）和耶和華見證人等等，都能以不同的方式連繫於同一部聖經時，這將有助於促進多元社會中的互相諒解。即使有人無法全盤接受這一切的解釋，並且認為他們有很好的理由去否定當中的一些解釋，這種做法還是適切有用的。無論如何，聖經研究的宗旨，是要在今天締造彼此的諒解。我們實在無法在當前的處境中給不同認信之間的聖經研究，編寫出一套完整的課程，但卻會在這裏對這項使命提出一個概述。

在世俗的對話中，對生命的一種宗教解釋的特徵，就是把整個生命全都投靠在一個終極實在——上帝——之上。在跨信仰的對話中，基督教的身分彰顯在耶穌基督所佔據的位置之上。然而，在不同認信之間的對話中，新教那與別不同的特徵卻是對聖靈的信靠。這種信靠合理化了新教那種典型地對教會、神職人員和字句釋經的輕視，但其本身卻也成為了新教歷史的一個難題，因為他們乃是訴諸聖經來反抗中世紀的天主教會。由聖靈帶領（獨立於任何教會權威之外），人們聲稱擁有給自己解決信仰問題的能力。新教的開始便標誌著一種對權威的批判。這種批判塑造了今天的新教，致使其活力沒有消亡。我們可以給這種新教原則作出更為詳盡的描述，不論是正面的，還是負面的。

正面來說，這是對「上帝之靈」的信靠，祂轉化了人心，並在裏面締造了明證，讓人曉得與上帝同在是生命中的重要事情。這份明證是不能用武力逼使出來的，也不可作為一項道德要求而強加在人們身上，亦不能透過甚麼論據來把它顯明出來。這份明證衍生自上帝的道，這道揮灑自如，而毋須憑藉任何肉體或心智的強制力。對這道惟一可能的回應，乃是一份存在主義式的信靠：藉著基督，這份信仰能夠達到上帝跟前。不是單憑那個外在的道便能締造這份確信；這份確信只有當外在的道得到內在的道的啟迪，並靠著聖靈的內在見證時才會出現。若不是得到聖靈的激發，那些關乎宗教和教會的一切都不過是塵土而已。任何壓制聖靈的事物都是對宗教的一種腐蝕。我們大可這樣說：新教是一個聖靈與自由的宗教。

新教的原則，正如田立克（Paul Tillich）所描述的，也同樣可以負面地解釋為試圖對那種把一切有限實體絕對化的做法進行批判。倘若這種由上帝之道創造出來作為明證的經驗，乃是置身於宗教的核心的話，那麼便有三個基本性的錯謬：把人類的**權威**絕對化，這是傳統天主教的一種傾向；把**字句**絕對化，正如新教基要派所作的那樣；以及把個人**功德**絕對化，就像新教與天主教的道德主義所主張的。新教的原理就是一個對這些絕對思想的批判，它不單在教會之內，也同時在整體社會之中發出其他批判聲音——反對讓那些有限的價值觀念變為絕對的思想。然而，它所提出的批判卻主要落在新教自身之上。

1. 制度絕對化：天主教與新教原則

士來馬赫（Friedrich Schleiermacher）尖銳地把新教與天主教之間的分別表明出來：「新教與天主教之間的分別在於前者把個人與教會的關係放置在其與基督的關係之上；而後者則把個人與基督的關係放置在其與教會的關係之上。」[6] 聖經方面也是一樣：在新教中，個人根據他們對聖經的理解來釐定他們與教會的關係；在天主教中，個人則根據教會權威的教導來釐定他們與聖經的關係。

當然，我們在這裏所講及的只是傳統上的天主教，今天的天主教內存著一種移往新教方向的進程，結果使得在天主教當中，個人同樣享有相信甚麼和怎樣行動的自決權，聖經因而獲得了更大的尊重。自從第二次梵蒂岡大公會議以來，聖經的釋經便從它的宗派枷鎖中得著釋放。歷史鑑別學——新教的一件製成品——闖進了天主教的釋經圈子中。到了今天，我們實在難以區分到底某篇的聖經釋經釋是屬於天主教的還是屬於新教的。天主教與新教的釋經者皆採用了相同的方法和論點，也犯上了同樣的錯誤。現代天主教對於制度絕對化的批判，較諸新教傳統所作的往往來得更為可靠。

2. 字句絕對化：基要派與新教原則

基要派對新教是一個更大的威脅，因為它同樣植根於新教的傳統中。新教起源於那次訴諸聖經、對抗中世紀教會的抗議行動。這種使用聖經來批判權威的做法，注定了或遲或早會對聖經本身及其權威提出反對。這種批判精神不可能被禁制起來。它形成了聖經的歷史鑑別學。在世界的歷史中，從沒有一個宗教會如此批判性地審視自身的基礎，並在進行這種批判的同時，卻又對這些基礎表現得那麼的至死忠心。當中的動機乃是要把其信仰坦誠地展現於人前，以強化彼此的溝通。

因著這番批判，讓新教不只成為了一個「聖典宗教」，更是一個講求聖靈的宗教，而不是一個著重字句的宗教。較諸字面意義更為重要的是對聖經的批判性閱讀——在傳統的新教中，這是聖靈的光照；在現代的新教中，這卻是一種來自歷史鑑別學與理性的啟迪。因此，我們在新教中找到了一種關乎聖經的矛盾特徵。一方面，在傳統的新教中，聖經一直被用來批判其他的權威；另一方面，在現代的新教中，聖經本身也成為了被批判的對象——兩者皆同樣確信，在聖經話語被宣講之時，聖經的「精意/聖靈」也會被清晰和確實地傳遞出來。

傳統新教處理聖經的方法必然會使它成為一份不容置疑的文獻，以便合理化新教對於中世紀晚期教會的異議，並且保護他們不受天主教反宗教改革運動的攻擊。聖經的權威性、自足性和清晰性，成為了防衛羅馬教廷的一座堡壘。新教自身的合理性得到了逐字默示這項教義所提供的幫助而得到保證。難怪逐字默示這項教義仍然存留在今天新教的基要主義運動中。然而，這種基要主義不再作為一種反對天主教會的聲音，而是要抗衡現代世界的思維模式。我們應當承認這種基要主義所帶來的一個相對優點：其對那種吞噬一切的現代文明那股作出抵禦的力量，實在值得人們的尊重，但它卻是靠著捍衛聖經字句來獲得這份力量的。然而，根據傳統新教的說法，聖經的**權威**在於聖靈的內在見證——意即根據那些可茲證明的經驗，聖經的精意/聖靈從中抓住讀者或聽眾。儘管當中有著世俗人文主義與聖經信仰之間的匯聚，但這卻往往不被當為現代世界的精神。因此，基要主義對於現代世界的批判應當被看作一種聲音而被傾聽——尤其當它並非建基於一種「聖經教義」，而是建基於一種敬虔的生活方式。我們再次採用同一個準則：聖經的基礎主題是否可套用在敬虔的生活方式及其所伴隨著對聖經的理解之中呢？或這會否遺漏了一些重要的主題？

3.「功德」絕對化：社會道德主義與新教原則

基要主義是對現代新教的聖經批判的一個回應，以及對讓「聖經」遭受那種不受限制的科學考查的大膽工作的一種回應——相信聖經之靈必會一而再地得勝，必會向人說話並轉化他們。在上一個世紀，聖經鑑別學經歷了兩個階段，第一個階段以批判聖經中的「遠古」思想為特徵，在一九五〇及一九六〇年代於平信徒及神學家的聖經討論中彌漫著一片非神話化的爭辯。大約到了一九七〇年後，批判的聲音從對思想的批判轉為對價值和常規的批判——從「信仰與理解」轉為「信仰與行為」，正如巴特（Karl Barth）所指出的。不論我們是否共同擁有一種神話式的世界觀，不論我們是從字面上或象徵上對它予以理解，都不會給我們的道德身分帶來挑戰。那威脅著我們道德身分的，是使用聖經來強化和持續那些曾經造成苦難及繼續帶來苦難的傳統，例如當我們順著那些經文與傳統——其幽暗路徑是導向奧斯威辛（Auschwitz）的——走下去的時候。這種道德主導的讀經方式的轉向，經常關連於那種「社會道德主義」的危險，是所有信仰羣體與宗派所面臨的一個試探。

加拉太書三章28節，一段我們很熟悉的經文，可以作為一個起始點。保羅在其中提到，在基督裏再不分猶太人或希臘人、為奴的或自主的、男性或女性。這段經文的衍詞用字與聖經的歷史用法及其他經文有所衝突，結果造成了在過去的三十年中，出現了三條以價值為本的重要讀經進路：

1）一種聚焦在猶太人與外邦人之間關係的讀經進路：在基督教—猶太教對話的背景中進行釋經。
2）一種支持貧窮與弱勢人士的讀經進路：例如解放神學、民眾神學，或「貧窮神學」。
3）一種以婦女的視角為出發點的讀經進路：婦女釋經。

學者的釋經通常都會與價值為本的解釋方法保持一段體面的距離。歷史鑑別學那種已被確認的精神特質，是從當時的歷史處境來理解經文，而不是以當前的處境作為出發點，因而被動地用來反對那種只著眼於以色列、解放神學，或婦女主義的詮釋學。這種回應在許多方面都到了印證，但它卻經常是不合理的。人們往往未能確認我們今天所面對的問題，其實在過去的歷史處境中都曾經出現，即使是發生在不同的環境底下。加拉太書三章 28 節說明了這一點。

今天，我們能夠看出這種價值為本的詮釋學確曾幫助我們發現許多以往所曾忽略的經文。藉著這種方法，那些從前被忽視的人物——猶太人、貧窮人、婦女——如今卻參與在關乎聖經的對話中。假如這是新教中一個長久以來的信念，認為聖經的基礎聲明與主題是針對所有人的，而其精神能夠準確地抓著每一個人的話，那麼新教徒便當留心細聽那些在聖經中尋獲其聲音，但卻無法在聖經釋經的學術圈子中感到自在的羣體的呼聲（以及其敵對者的聲音）。畢竟，就是在這種對聖經的委身閱讀中，新教給字句絕對化所作出的批判，才會變得有力和適切。面對著那些反猶太、具政治壓迫，和父權至上的經文，他們緊緊的持守著一顆超越所有疆界，以及釋放人們的聖經之靈。

然而，這些在道德上投入的讀經方式也顯示了一種道德主義的試探，就是把一些特定價值、命令與行為，當作得救與否的條件。新教是因著批判以功德得救（在我們與上帝的關係之中）而出現的，但卻要求一些作為愛心表達的善功（在我們與其他人的關係之中）。那些不注目於自己救恩的人應當可以自由地向別人表達關懷，並且能夠為著他人的福祉而行事。但是這種精神特質卻很容易遭受破壞：委身於他人，成為了得救的標記——不是救恩的基礎，而是一個人尋著真正生命的記號。這種新教道德主義在其支持傳統行為之時是很容易被辨認出來的，但是當它推動一些現代價值——公義、自由和公平——之時，便不太容易給辨別出來。除了一些關乎個人行為準則的道德主義外，還有一些關乎進步社會倫理的道德主義，後者關聯於一種眾人皆有的慈悲心腸，彷如我們都有著一份改造世界的道義一樣。當我們意識到道德參與所引發的這種內在危機時，我們便能有所把握地表示，新教必須持守這種社會及道德層面上的不安。這是一個珍貴的承傳。然而，當這個承傳欠缺了在作出任何行動或參與之前已有的一份得救確信的話，它便會淪為一條自毀之途：把功德絕對化——即使是那些最公義和最必須的善功——就是絕對化了某個有限之物。它原是一個該受批判的對象。

在教會合一對話的聖經處境中，我們再次回到葡萄園雇工的那個比喻。初期教會——正如我們從俄利根身上所看到的——以神學或道德的角度來解釋一天的不同時段。那一羣羣的雇工代表著亞當時代、挪亞時代、亞伯拉罕時代，或摩西時代的人，而最後的那羣雇工就是基督徒。所有人都得拯救——但那倒數第二位的卻依然在同樣的位置！或者，那一天代表著人生的整個歷程，不少基督徒早在孩提階段便已成為小信徒，也有其他人在臨終的一剎那才信靠基督。他們全都有機會得著那惟一的獎賞：永生。自從宗教改革運動以來，我們能夠觀察到在關乎比喻的釋經中，新教較天主教優勝一籌：把律法和福音的分別投射到這個比喻之中。那些工作了一整天、滿腹牢騷的人，就是一羣嚴守律法的羣體（天主教徒或猶太人），而那些因著園主的慷慨而獲得整天工錢的就是一個信心的羣體（新教徒）。所有人皆得到相同報酬，這個事實已不再是重點所在，反而是那根據馬太福音二十章16節的說法（可能是一則後加的附篇），首先的（天主教徒）會變成末後的，而末後的（新教徒）會變成首先的。然而，天主教的釋經卻常常試圖把獎賞的教義讀進這個比喻之中，堅稱雖然一切人均會藉恩典得救贖，卻會按著他們的功德而論。因此，在同等獎賞之中便出現了等級之別。這便是阿奎那（Thomas Aquinas）的觀點：所有人都領受著同樣的祝福，只是程度各有不同。或者不同的工人羣體所得到的報酬應當以同等的價值來衡量，而不應以工作時間的長短為指標，以致可以這樣理解所有人都得到相同回報的原因：那些後來者因著他們的良好意願（他們也同樣地工作）而得著了報酬。

全面的釋經説明了沒有哪一種詮釋可以適切這段經文。這個比喻並不如新教的閱讀所試圖做到的，以一個反論的形式表達上帝的公義與憐憫。葡萄園主的處事手法也同樣是既公正又大方。這個比喻也不是要處理功德與恩典的對立問題——這是新教徒所重視的——因為那些末後的和首先的都會得著相同的**獎賞**！

這個比喻更加像是反對把任何人為的努力與上帝的公義和慷慨連上關係，好像某人的做法會成為其他人的標準一樣。在這種情況底下，上帝**或**再不會顯得落落大方，因為公義原則禁止祂這樣作；或者上帝**必須**恩澤萬民，因為公平原則規定所有人均有得到恩典的相同權利。因此，這個比喻的焦點在於一位公義的上帝施予恩典的**自由**，它並沒有提供一種無功受恩的新制度，以取代論功行賞這種公義的常規標準。恰恰相反，那些標準價值卻因著上帝所顯出的大愛而被「分解」了，因而失去它們那種固化了的普遍合法性。「我來本不是召義人，乃是召罪人。」（可二17）這種對於耶穌行動的描述既無否定也無摒除義人的公義，而只是把上帝帶到那些需要上帝的人面前，他們就是罪人。

在這個比喻中，並沒有任何説明新教比天主教優越的根據。相比於新教中那種認為律法與福音是彼此對立的轉折思想，這個比喻反而更加接近於天主教中那種漸進主義的思想學派，這種學派認為上帝的憐憫超乎於祂的公義。

結語

讓我就著之前關於為何每一個知識分子都當認識及欣賞聖經這個課題所作出的一些觀察和討論，來一個總結。我的主要目的是要傳遞聖經的基礎信念與主題。正如我們所曾看到的，這些都是基督徒身分的基本。如果它們不清不楚，便根本無從在這個多元文化的世界中進行對話。然而，基督徒身分也必須以這種能夠有助於對話的方式而被定義。

我也曾經關注那對聖經的融貫性（coherence）所作的討論，這種融貫性乃是用以描述「聖經身分」那些不同輪廓的方式，而不管這是否源於宗教信念。我選擇了一些相對地較為正規的核心主題，就是為了達到這樣的目的。這些主題能有助於發現聖經與世俗人文主義之間，或是不同宗教與不同宗派之間的融會之處及相異之處，而毋須否定聖經中那些指向上帝、基督，及聖靈的獨特色彩。

讓我再次討論聖經資源怎樣模塑及限制基督徒身分的這個問題。與其抽象地處理這個問題，我情願使用一個隱喻：聖經是一個偉大的故事，它的結局部分尚未被寫成。它就像教師在教導語文及文學之時所經常給予學生的功課一樣：根據故事的起頭，把它的發展與結局寫出來。教師是要藉此考驗學生們是否已在頭腦上掌握了某種文體的常規用法，並且能夠恰當地運用一些敘述性的主題。一些包含了此兩者的故事就是一些可被接納的延續部分。有些寫得好一點，有些較為差劣，但卻沒有強制的延續模式。這種情況與偉大的聖經故事很相似。我們在自己的生活方式中延續著聖經的故事，在過程中顯示了我們是否——以及在甚麼程度上——對於聖經的敘述性規範與主題已有一番正確的理解。我們可以藉著勾劃聖經的信念與主題而把它們提升至意識的層面上，正如我在此所曾作過的一樣。倘若這些信念與主題能夠充足的及清晰地在我們的生活中實踐出來，我們便可以說我們對聖經故事的延續乃是合乎「聖經的身分」的。假如我們發現這些規範與主題並沒有被實踐出來的話，我們便可以說我們自己的故事反映了對聖經身分的一種虧損與損害——而這也毫無疑問地意味著對基督徒身分的一種損害。

在我們對聖經故事的延續中，我們的處境與學生們完成某個故事的處境自然是截然不同，因為學生們有教師為他們提出評價及修訂他們努力的成果。教師通曉文體的常規及敘述的主題，也知道故事會如何終結。然而，我們卻要在關乎聖經的對話中，為自己尋找那些首要的主題和核心的信念。我們不知道故事的結局如何，就如那些想像出來的「天上學府」的成員一樣，他們的工作就是要回溯歷史，詳細審視一切的文本與傳統，為要找出當中所包含著的有價值事物。在我們那關於聖經傳統的討論中，我們期待著一種「人人平等的溝通」。從歷史上而言，這種溝通模式是沒法在「塵世」的境況中出現的，而惟有在一種經過調節的理想中才能夠被實踐出來。

在這種把基督徒身分視為有分於聖經身分的一種理解中，我們所訴諸的聖經敍述與經文到底在歷史上有多真實，這一點根本毫不重要。那關鍵乃是在於我們是否有信心帶著它們所包含的這些基礎主題，以在第三個千禧的時代中生活；以及這些主題能否幫助我們具說服力地解釋這個世界；並且在這個過程中，它們是否賦予我們一些人類生命所不可或缺的事情。

聖經經文清晰地說明了那是一些甚麼東西。從基督徒的觀點而言，我們可以歸納出三點：

1） 聖經經文應許幫助我們能夠接觸一個終極實在。聖經是一個容讓我們與上帝進行對話的機會。對於那些將聖經基礎主題內化，並且為這些主題所轉化的人而言，聖經應許了上帝的實在得以揭示，仿如我們的眼睛突然開啟了，看到一幅湊併圖畫背後突然閃出的那個隱藏形象一樣。

2） 進一步來説，基督徒聲稱一切主題與基礎信念（就是我們所稱為的「聖經之精意/聖靈」）不單出現在經文之中，也同時臨在於一個人物身上：耶穌。在他裏面，**道**成為了肉身。我們可以如下述那般理解這個神話式的宣言：透過一切主題所揭示出來的上帝實在，均反映在基督論之中。這些主題就是照亮每一個人的光輝（約一9）。在基督裏，所有人都可以來就這道光芒。他開通了那條通往天父的路徑，改變那些信靠他的人的生命，以致他們對於實在有一種與改變之前不再一樣的體驗。

3） 聖經之精意/聖靈隨己意到處吹動，當祂轉化了人心時，每一個人都會與上帝建立一段即時的關係。當然，這種關係必須在與他人的對話中被驗證，並且靠著教會傳統的幫助而得以反映出來。但是對於新教徒而言，他們不需要一個教會權柄來給予權威性的教導，儘管一些對話性的指引還是有其幫助的。「聖經之精意/聖靈」與字句密切相關（雖然並非完全相等），但卻並非關乎教會權威。藉著這個精意/聖靈，甚至耶穌也給轉化了——從「主人」變成了「弟兄」。

因此，這是在第三個千禧開始之時聖經身分的潛能：聖經經文可以傳遞那些關乎思想、經驗與行動的基礎主題，促成了那種在傳統上被基督教信仰稱為與上帝的一席對話、與耶穌的一種活活生的關係，以及被聖靈轉化的一個生命的東西。跟隨著教會的經典傳統，我們能夠把這個關鍵核心標籤為**上帝**、**基督**，與**聖靈**。

然而，只有在我們所有人，包括基督徒與非基督徒，都帶著一種自我批判的精神及真誠對話的開放態度來著手處理聖經故事的時候，這種潛能才能夠體現出來。在基督徒那一方面，那促使如此對話的目的不能是為要使他人成為基督信仰的信徒，其目的頂多只能期待得到別人的體諒與尊重。對於我們其他的人而言，這種對話意味著我們不再停留在那些長久以來所期望著有關「宗教」的種種偏見和學究式回應，進而以一種開放和持續的方式去問，到底聖經是否主要幫助我們明白自己，以及幫助我們在當代的文化中生活得更有意義。

註釋

引言

1. 參 R. A. Torrey, ed., *The Fundamentalists*, 4 vols.（Grand Rapids, MI: Baker, 2003）。

1　為甚麼所有知識分子都當認識聖經

1. Ernesto Cardenal, *Psalms*（New York, NY: Crossroad, 1981）, 7。這進路的典型擁護者是德日進（Teilhard de Chardin），他把宗教歷史納入在宇宙整體進化的目的論式視象之中。
2. Georg Büchner, *Werke und Briefe*（Leipzig: Insel, 1952）, 171.

4　聖經與多元世界的對話

1. 參考梅森（Eudo Colecesta Mason）對於他的詩歌所撰寫的適度而讓人受益的詮釋。Eudo Colecesta Mason, *Rainer Maria Rilke: sein Leben und sein Werk,* Kleine Vandenhoeck-Reihe 192 ～ 194（Göttingen: Vandenhoeck & Ruprecht, 1964）。
2. 即使在一種對約翰福音嚴格地以經文為中心的釋經中，也必定包括兩方面的排他性主張。在約翰福音中，基督是內藏於一切事物之光，而道則給萬物賦予意義（約一 1 ～ 18）。祂是世界的食糧和光輝，因為這個世界每時每刻都從祂身上領受著自己的生命。基督派遣了聖靈作為祂的繼任者，好引導人們進入一切真理之中——甚至超越了耶穌所曾向門徒講述過的事情（十六12～13）。聖靈像風一樣隨意往來（三8），讓人在毋須指向基利心山和耶路撒冷這些崇拜中心的情況下，而自由地來到上帝跟前：「上帝是個靈，所以拜他的必須用心靈和誠實拜他。」（四24）因此，耶穌就是「救世主」（四42）。所以，約翰筆下的基督宣稱祂是獨一無二的，因為祂就是那擁有上帝那創世的全能之道，也是那在祂受死以後具體地把其普世權能彰顯出來的聖靈。因此，我們也必須倒過頭來閱讀這種獨一無二的宣稱：沒有人能到父那裏去，除非靠著耶穌；而那些來到了父面前的人，也已經藉著這位普世的基督而來到了上帝面前。在以賽亞先知開首的視象中，他認為自己是在看見上帝，但事實上，他卻是看見了基督（賽十二41）。因而我們可以這樣說：即使在約翰福音當下的經文世界中，這種獨一無二的排他性宣稱已較其初次出現時沒有那麼「排他」了。

3. 在一切釋經背後還有詮釋學上的原則，那就是每段經文皆有其自身的價值。它的價值植根於每個人的獨立價值——某個人的言語表達方式絕不可以被簡單地看為一個理解其他言語表達方式的工具。即使我們曾經按著新約聖經作者自身的信仰來閱讀他們的著述，我們的詮釋學信念仍會逼使我們從這樣的閱讀中解放出來。

   第一，聖經的每一件事物均指向歷史的耶穌，他處身於猶太教的環境中，也是基督教的基礎之一。耶穌把兩個宗教連繫起來。假如我們研讀舊約聖經的目的只是為了理解新約聖經的話，那麼，我們便當把歷史耶穌單單地看待為一個理解救贖基督教信仰的條件（布特曼〔Rudolf Bultmann〕所一貫持守的立場）。然而，倘若這位歷史耶穌在神學上及歷史上有其屬乎自己的獨立價值的話，我們便當同樣地給舊約聖經賦予這份獨立的價值——作為耶穌所處身的智性及靈性社會環境的基礎。

第二，在羅馬書四章23至24節，保羅提及亞伯拉罕的信心（對照於創世記十五章6節）：「『算為他義』的這句話不是單為他寫的，也是為我們將來得算為義之人寫的」。當中的重點非常清楚：聖經除了對基督徒有其價值外，對於亞伯拉罕也有其屬乎自身的獨立價值。在羅馬書四章，亞伯拉罕作為舊約聖經場景中一個全然因信稱義的典範，他並未擁有對基督的信心，但卻如基督徒一般，相信那位能夠克勝死亡的上帝。任何對於舊約聖經的評估，若只觀乎其對新約聖經有甚麼價值的話，將無可避免地得出一種相反的結果。

4. Joachim Jeremias, *The Parable of Jesus*, 2nd rev. ed.（New York, NY: Scribner, 1972）, 139.
5. al-Bukhari, *Ijara*（“The Book of Leasing”）, sections 8 and 9, cited on Otto Spies, “Die Arbeiter im Weinberg（Mt 20, 1～15）in islamischer Uberlieferung,” 279～280, *Zeitschrift fur die neutestamentliche Wissenschaft* 66（1975）: 279～283。
6. Friedrich Schleiermacher, *The Christian Faith*（Philadelphia: Fortress Press, 1976）, §24.

信念再思叢書 慎思明辨，探求真相。

聖經，一本怎樣的書？
The Bible and Contemporary Culture
戴歌德（Gerd Theissen）著／譚偉光 譯／HK$98

暴力世界中的溫柔——軟弱羣體的先知見證
Living Gently in a Violent World: The Prophetic Witness of Weakness
侯活士（Stanley Hauerwas）、范雲尼（Jean Vanier）著／陳永財 譯／HK$53

權力與激情——六個追尋復活的人物
Power and Passion: Six Characters In Search of Resurrection
塞繆爾．韋爾斯（Samuel Wells）著／陳永財 譯／HK$73

為這星期五感謝神——於現今世代再思十架七言
Thanks God It's Friday: Encountering the Seven Last Words form the Cross
韋利蒙（William H. Willimon）著／李金好 譯／HK$63

基督徒的神學思考
How to Think Theologically
霍華德．斯通（Howard W. Stone）、詹姆斯．杜克（James O. Duke）著
陳永財 譯／HK$63

與後現代大師一同上教會
Who's Afraid of Postmodernism?: Taking Derrida, Lyotard, and Foucault to Church
史密斯（James K. A. Smith）著／陳永財 譯／HK$63

聖經研究叢書 探索與鑽研神的話語，傳承真理。

馬太福音神學註釋
Matthew
侯活士（Stanley Hauerwas）著／李雋 譯／HK$153

誰的保羅，哪個福音？——保羅詮譯現象的反思
Renewed Perspectives on Paul
曾思瀚 著／曾景恒 譯／HK$108

壞鬼釋經——糾正新約金句的常見詮釋
Commonly Misinterpreted Texts: Exegetical Fallacies in the NT
曾思瀚 著／曾景恒 譯／HK$88

使命傳承的故事——路加—使徒行傳人物研究
Embodying Jesus: Luke-Acts Characterization
曾思瀚 著／吳瑩宜 譯／HK$98

士師記的刻劃研究——領袖、女性與家庭的故事
Judges Characterized: Story of Leadership, Women and Family
曾思瀚 著／吳瑩宜 譯／HK$128

新約評經法導引
A Beginner's Guide to New Testament Exegesis: Taking the Fear Out of Critical Method
埃理克森（Richard J. Erickson）著／許子韻、吳國雄 譯／HK$128

列王紀神學註釋
1 & 2 Kings
利法特（Peter Leithart）著／李金好 譯／HK$158

聖經中的自由——從基督教觀點反思當代社會的自由危機
God and the Crisis of Freedom: Biblical and Contemporary Perspectives
包衡（Richard Bauckham）著／陳永財 譯／HK$118

系統神學叢書

進入聖言思想的殿堂，
剖視神學的方法及基礎。

基督、聖靈與教贖：基督教要義導覽

陳若愚 著／ HK$118

基督論：全球導覽
Christology: A Global Introduction

卡維里 (Veli-Matti Kärkkäinen) 著／ 陳永財 譯／ 鄧紹光 學術顧問 ／ HK$153

上帝論：全球導覽
The Doctrine of God: A Global Introduction

卡維里 (Veli-Matti Kärkkäinen) 著／ 陳永財、蔡錦圖 譯／ 鄧紹光 學術審閱 HK$138

聖靈論：全球導覽
Pneumatology: The Holy Spirit in Ecumenical, International and Contextual Perspective

卡維里 (Veli-Matti Kärkkäinen) 著／ 陳永財 譯／ 鄧紹光 學術顧問 ／ HK$93

教會論：全球導覽
An Introduction to Ecclesiology: Ecumenical, Historical & Global Perspectives

卡維里 (Veli-Matti Kärkkäinen) 著／ 陳永財 譯／ 鄧紹光 學術審閱 ／ HK$118

基督教教義淺析
A Primer for Christian Doctrine

約拿單．威爾遜 (Jonathan R. Wilson) 著／ 李金好 譯／ HK$73

基督教三一論淺析
The Trinity

奧爾森 (Roger E. Olson)、霍爾 (Christopher A. Hall) 著／ 蔡錦圖 譯／ HK$63

基督教基督論淺析
Jesus Now and Then

伯理奇 (Richard A. Burridge)、古爾德 (Graham Gould) 著／ 區秉中 譯 HK$98

基督教詮釋學淺析
A Short Introduction to Hermeneutics

賈思柏 (David Jasper) 著／ 紀榮神 譯／ HK$73

緊扣時代服事教會

以文字傳揚基督真道

讀者意見表

衷心多謝你購買本社書籍。本社一直致力以出版事工服事教會，幫助信徒扎根於神的話語，促進靈命增長。為使我們的出版更能滿足你的需要，請填寫下列各項資料，並寄回或傳真予本社。

所購書籍：＿＿＿＿＿＿＿＿＿＿

本書最吸引你的地方：

□作者 □適切性 □文筆 □設計 □實用性

□其他：＿＿＿＿＿＿＿＿＿＿

購買本書地點：

□基道書樓 □基督教書店 □非基督教書店

性別：□男 □女 職業：＿＿＿＿＿＿

信仰：□基督徒 □非基督徒

年齡：□ 16 歲或以下 □ 17～25 歲 □ 26～35 歲

□ 36～55 歲 □ 56 歲或以上

學歷：□中三或以下 □中五 □預科

□大學 □研究院

□我欲更多了解基道出版社的事工及考慮支持，請寄給我下列資料：

□機構簡介 □新書資料 □基道會員通訊

□《基道文字事工通訊》

姓名：＿＿＿＿＿＿＿＿＿＿電話：＿＿＿＿＿＿

地址：＿＿＿＿＿＿＿＿＿＿＿＿＿＿＿＿

＿＿＿＿＿＿＿＿＿＿＿＿＿＿＿＿

傳真：＿＿＿＿＿＿＿＿ 電子郵件：＿＿＿＿＿＿

其他意見：＿＿＿＿＿＿＿＿＿＿＿＿＿＿

＿＿＿＿＿＿＿＿＿＿＿＿＿＿＿＿

多謝賜教！

意見表可以傳真（2687-0281）或直接郵寄以下地址：
香港沙田火炭坳背灣街26號富騰工業中心1011室
基道出版社編輯部收